GONG GONG SHU JU SHI CHANG HUA PEI ZHI
FA ZHI BAO ZHANG JI ZHI YAN JIU

公共数据
市场化配置
法治保障机制研究

赵加兵　　著

法律出版社
LAW PRESS · CHINA
北京

图书在版编目(CIP)数据

公共数据市场化配置法治保障机制研究 / 赵加兵著. -- 北京 : 法律出版社, 2023
ISBN 978 - 7 - 5197 - 8175 - 0

Ⅰ. ①公… Ⅱ. ①赵… Ⅲ. ①数据管理 - 市场配置 - 法律保护 - 研究 - 中国 Ⅳ. ①D922.174

中国国家版本馆 CIP 数据核字(2023)第 142756 号

公共数据市场化配置法治保障机制研究
GONGGONG SHUJU SHICHANGHUA PEIZHI FAZHI BAOZHANG JIZHI YANJIU

赵加兵 著

责任编辑 朱海波
装帧设计 贾丹丹

出版发行 法律出版社
编辑统筹 法律应用出版分社
责任校对 邢艳萍
责任印制 刘晓伟
经　　销 新华书店

开本 A5
印张 7.5　**字数** 250 千
版本 2023 年 8 月第 1 版
印次 2023 年 8 月第 1 次印刷
印刷 三河市兴达印务有限公司

地址:北京市丰台区莲花池西里 7 号(100073)
网址:www.lawpress.com.cn
投稿邮箱:info@lawpress.com.cn
举报盗版邮箱:jbwq@lawpress.com.cn
销售电话:010 - 83938349
客服电话:010 - 83938350
咨询电话:010 - 63939796

书号:ISBN 978 - 7 - 5197 - 8175 - 0
定价:45.00 元
凡购买本社图书,如有印装错误,我社负责退换。电话:010 - 83938349

序　一

呈现在读者面前的这部著作,是加兵博士对公共数据市场化配置法治保障机制建构形成的理论成果,也是其对数据要素市场化配置改革和数据要素市场培育的时代命题作出的理论回应。作为加兵的博士生导师,看到其在知识产权之外,又确立了新的研究方向并取得丰硕成果,我感到十分欣慰。

作为一部回应现实需求的学术著作,本书具有鲜明的特点:

一是“新”。本书基于数据要素市场化配置这一新课题展开研究,以建构公共数据市场化配置法治保障机制实现方案为切入点,探索数据要素市场化配置法治保障的理论框架。本文形成的许多观点和思路较具前瞻性,令人耳目一新,而且许多观点已经得到实践的验证。

二是“先”。本书是我国较早展开公共数据市场化配置法治实现方案建构的作品,其系统阐释了公共数据何以进行市场化配置,以及如何在法治轨道内展开公共数据市场化配置等重大议题。基于公共数据市场化配置法治保障机制建构议题,加兵博士已经形成一系列研究成果,并得到了理论与实务界的关注和认可,我们有理由相信,本书将会在相关领域产生较大影响。

三是"全"。本书由数据要素市场化配置改革实践引发,并从理论层面初步建构起公共数据市场化配置法治保障的制度框架。其内容既体现出对中国现实问题的深刻关照,又对域外公共数据市场化配置法治实践作出全面的概括总结,由此使得本文提出的公共数据市场化配置法治保障机制的建构方案既有理论的深度,又有视野的宽度,还有实践的温度。

当前,我国数据要素市场化配置改革和数据要素市场培育方兴未艾,相信本书所形成的观点和思路,能够为数据要素市场配置法治体系建构提供参考借鉴。

胡开忠

中南财经政法大学知识产权研究中心教授、博士生导师

序　二

随着数字政府建设深入推进和数字经济快速发展,公共数据开发利用议题日益得到社会关注。国家和地方层面围绕公共数据开发利用出台了一系列政策法规,但理论界对于公共数据开发利用议题的回应稍显不足。加兵博士这篇著作的出版恰逢其时,其对于补强公共数据开发利用的理论基础,推动数据要素市场规范化建构具有较强的参考价值。

本书从权属配置机制、交易实现机制及数据权益保障机制等维度,深入探讨公共数据的市场化配置法治保障机制,同时,对公共数据开发利用的现有政策法规及规制实践展开全面检视和系统解读,由此使得本书所提出的观点具有较强的实践性和可操作性。

加兵博士于2020年加入由我牵头组建的郑州大学数据法律研究团队,深入研究数据法律理论,积极参与数据政策法规起草,相关工作得到了国务院办公厅电子政务办公室的表扬。在数据法律研究中，有关公共数据的权益归属、许可利用等问题是崭新的、富有时代感和挑战性的话题，加兵博士对之兴趣盎然，经过三年多的潜心耕耘，取得了一系列丰硕成果。作为他的硕士生导师，看到其取得如此成绩，我感到由衷高兴。希望其将公共数据市场化配置法治体系建构这一议题做深做精做实，在公共数据市场化配置及数据法律治理领域取得更多优秀成果，为数据基础制度建构不断贡献理论智慧。

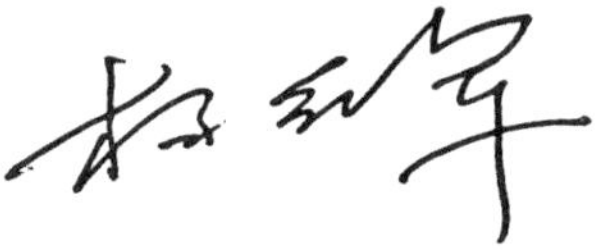

郑州大学法学院教授、博士生导师

河南省法学会知识产权法研究会常务副会长

前　言

2022 年 12 月 2 日的《中共中央、国务院关于构建数据基础制度更好发挥数据要素作用的意见》明确提出要建立数据基础制度，推动公共数据授权利用。而规范建构公共数据市场化配置法治保障机制则是落实党和国家建构数据基础制度决策部署的重要措施。其对于明确公共数据市场化配置法治体系、培育数据要素市场、释放公共数据经济社会价值具有重要意义。本书以公共数据市场化配置法治保障机制为题展开论述，在全面省思公共数据市场化配置法治保障机制存在局限性的基础上，从规范界定公共数据概念范畴、公共数据权利体系、公共数据市场化配置交易实现机制及数据主体权益保障机制等维度搭建起公共数据市场化配置有效实现的法治保障机制。

全书共包括五个章节：

第一章是导论。主要就事关本书展开的基本议题作以分析概括。内容包括但不限于研究背景与意义、研究对象与论域说明、框架思路、主要目标、基本观点及可能的创新点。

第二章是公共数据市场化配置法治化的影响因素。公共数据市场化配置是发挥市场配置资源的决定性作用,依据市场规则、市场价格和市场竞争等方式配置公共数据,发挥其经济社会价值的过程。公共数据市场化配置应当遵循平等开放、鼓励开发、诚实信用、利益保护及数据安全等基本原则。公共数据市场化配置法治保障机制建构需要关注公共数据概念范畴的规范识别、公共数据权利的法律构造、公共数据交易实现机制、数据主体权益保障机制等基本内容。

第三章是公共数据市场化配置法治保障机制建构的局限性。当前的公共数据市场化配置法治保障机制存在明显缺陷。首先,公共数据概念界定不清晰。未能从权属配置角度厘清公共数据概念范畴,缺乏对自然人、法人及非法人组织正当数据权益的应有关照。其次,公共数据权利体系建构不完善。尚未形成完整的公共数据权利体系,未能从公共数据权利归属主体、数据权利客体、权利内容及权利性质等维度建构公共数据权利构造。再次,公共数据市场化配置交易实现机制不规范。未能清晰厘定公共数据市场化配置交易合同法律属性、交易标的范畴及交易价格形成机制。最后,公共数据市场化配置数据主体权益保障机制不健全。既未根据自然人、法人及非法人组织的贡献为其建构合理的收益分配机制,也未对数据利用主体违法违约数据利用行为、公共数据提供主体的数据质量瑕疵责任等作出必要规制。

第四章是公共数据市场化配置法治保障机制建构的域外借鉴。本书以公共数据概念、公共数据开放基本原则、公共数据开放实现机制及数据主体权益保障机制为切入点,本书重点分析了美国、英国、日本及韩国等域外国家的公共数据开放实践。发现其公共数据开放呈现出重视公共数据开放制度体系建设、持续拓展公共数据开放范围、设定公共数据开放基本原则、鼓励社会公众参与数据开放及加强对个人隐私的尊重与保护等基本特点。我国公共数据市场化配置法治保障机制建构可以在借鉴域外国家经验的基础上,从完善公共数据市场化配置法治体系、确立公共数据市场化配置的基本原则、建立公共数据权利体系、建构契合公共数据市场化配置需要的交易实现机制及注重保护数据主体正当数据权益等维度思考制度方案。

第五章是公共数据市场化配置法治保障机制的规范建构。公共数据市场化配置法治保障机制建构主要围绕以下维度展开:首先,从权属配置角度规范界定公共数据概念范畴。将公共数据限定为公共管理和服务机构在履行职责和提供公共服务过程中收集或者生成的非专属于自然人、法人及非法人组织的数据,以此明确公共管理和服务机构,自然人、法人及非法人组织各自数据权益的边界范围。其次,从促进资源配置角度建构公共数据权利体系。具体可从明确公共数据归属国家所有,由政府代表国家行使公共数据权利的权属定位,明确公共数据权利专有权的法律属性及占有、使用、收益、处分及管控等权利内容,证成“数据集合”作为数据权利客体的合理性等维度展开。再次,从便利交易角度建构公共数据交易实现机制。具体可从明确公共数据市场化配置交易合同的民事合同属性、以数据使用权为交易对象建构公共数据市场化配置交易客体体系、形成体现数据价值反映数据要素市场供求关系的数据要素交易价格生成机制等维度展开。最后,从利益平衡维度建构数据主体权益保障机制。在充分尊重自然人、法人及非法人组织合法数据权益的基础上,参照财政转移支付制度,建构规范的数据主体收益补偿机制。为规范公共数据提供主体和利用主体行为,维护数据安全,有必要规范建构公共数据提供主体数据质量担保责任、数据利用主体信用惩戒机制。

目录

第一章　导　论

一、研究背景与意义

公共数据是数据要素的重要组成部分，充分挖掘公共数据价值对于数字政府建设、数字经济发展、数字社会治理及数字生态营造具有重要意义。公共数据的经济社会价值已经在全球范围内得到了广泛认同。发达国家基于公共数据开放进程，已经为公共数据开发利用建构相对完善的规则体系，从而在数字政府及数字经济发展等方面取得先发优势。我国在公共数据开发利用方面起步相对较晚，但发展迅速，已经形成一定的实践经验和制度成果。

2022 年的《中共中央、国务院关于构建数据基础制度更好发挥数据要素作用的意见》（以下简称“数据二十条”）从数据产权制度、数据要素流通和交易制度、数据要素收益分配制度等维度明确了数据基础制度建构的基本方向。[1] 这对于推动公共数据开发利用,建构规范的公共数据市场化配置法治保障机制具有重要指导意义。在此之前,我国已经就包括公共数据在内的数据资源开发利用及市场化配置作出明确决策部署。2015 年国务院印发的《促进大数据发展行动纲要》明确提出"稳步推动公共数据资源开放""加快建设与社会主义市场经济体制和中国特色社会主义事业发展相适应的法治政府、创新政府、廉洁政府和服务型政府"。[2] 2020 年的《中共中央、国务院关于构建更加完善的要素市场化配置体制机制的意见》(以下简称《要素市场化配置体制机制意见》)将数据视为第五类生产要素,并明确提出"加快培育数据要素市场""研究根据数据性质完善产权性质""研究建立……公共数据开放和数据资源有效流动的制度规范"。[3] 2021 年的《中华人民共和国国民经济和社会发展第十四个五年规划和 2035 年远景目标纲要》(以下简称"十四五规划")明确提出建设数字中国,并从"打造数字经济新优势""提高数字政府建设水平""加快数字社会建设步伐""营造良好数字生态"等维度指明了包括公共数据在内的数据资源开发利用的发展方向。[4] 2021 年的《数据安全法》基于数据发展与数据安全并重的基本理念,明确了数据资源开发利用的基本原则和基本要求,为数据开发利用法治化发展奠定了法律基础。2022 年的《中共中央、国务院关于加快建设全国统一大市场的意见》(以下简称《全国

---

〔1〕 参见《中共中央、国务院关于构建数据基础制度更好发挥数据要素作用的意见》(2022 年 12 月 2 日)。

〔2〕 参见《促进大数据发展行动纲要》(国发〔2015〕50 号)。

〔3〕 参见《中共中央、国务院关于构建更加完善的要素市场化配置体制机制的意见》(2020 年 3 月 30 日)。

〔4〕 参见《中华人民共和国国民经济和社会发展第十四个五年规划和 2035 年远景目标纲要》(2021 年 3 月 11 日)。

统一大市场建设意见》）再次明确指出加快培育数据要素市场，持续“建立健全数据安全、权利保护……交易流通……等基础制度和标准规范……推动数据资源开发利用”。[1] 通过持续的法律制度建设和政策供给，我国基本形成相对清晰的公共数据开发利用线路图。各地方政府也在积极展开公共数据开发利用规制实践，在公共数据开发利用、[2]公共数据授权运营、[3]数据主体权益保护[4]等方面确立了较为明晰的制度安排。

当前，我国公共数据开发利用初步形成具有中国特色的框架体系，[5]具有相对鲜明的特点。

第一，公共数据市场化配置充分发挥市场在公共数据开发利用中的决定性作用。在公共数据开发利用过程中，我国强调培育数据要素市场，发挥市场配置数据资源的决定性作用，强化市场供求及价格机制等在公共数据开发利用中支配作用，建构符合市场需要的数据利用机制。如“数据二十条”对公共数据定价作出明确区分：公共治理、公益事业用途的公共数据有条件无偿使用，产业发展、行业发展用途的公共数据有条件有偿使用，数字化发展用途的公共数据按政府指导定价有偿使用。[6] 这在实质上是基于公共数据市场

---

〔1〕 参见《中共中央、国务院关于加快建设全国统一大市场的意见》（2022 年 3 月 25 日）。

〔2〕 参见《浙江省公共数据条例》（2022 年 1 月 21 日浙江省第十三届人民代表大会第六次会议通过）第 27 ~ 36 条。

〔3〕 参见《上海市数据条例》（2021 年 11 月 25 日上海市第十五届人民代表大会常务委员会第三十七次会议通过）第 44 ~ 46 条。

〔4〕 参见《广东省公共数据管理办法》（2021 年广东省人民政府令第 290 号）第 39 ~ 43 条。

〔5〕 鉴于公共数据开发利用主要以市场配置资源模式展开，本书以公共数据市场化配置概括公共数据开发利用。

〔6〕 参见《中共中央、国务院关于构建数据基础制度更好发挥数据要素作用的意见》（2022 年 12 月 2 日）。

化配置和非市场化利用差异对公共数据价格作出的区分。支撑产业发展的公共数据以市场化模式定价，[1] 支撑公共治理的数据以非市场化方式供给，采取政府收费模式。[2] 此外，国家发展改革委在解读政府数据授权运营概念时明确指出，政府数据授权运营是授权特定的市场主体在保障国家秘密、国家安全、社会公共利益、商业秘密、个人隐私和数据安全的前提下开发利用政府部门掌握的与民生紧密相关、社会需求迫切、商业增值潜力显著的数据。[3] 从政府数据授权运营的基本运作模式看，其是按照市场配置资源方式展开，注重发挥公共数据的经济社会价值。

第二，公共数据市场化配置遵循政府主导、市场参与的基本模式。采用政府主导，市场主体积极参与的公共数据市场化利用模式具有内在合理性。一方面，公共数据由政府部门收集或生成，并由其承担相应的数据安全责任，从权责统一的角度看，有必要明确政府部门的公共数据授权主体地位。另一方面，由政府主导公共市场化配置具有现实的实践基础。现行公共数据开放立法明确规定，由公共管理和服务机构向社会主体提供公共数据，供其开发利用。[4] 在公共数据授权运营场合，通常也由政府主导公共数据授权利用实

---

〔1〕“数据二十条”规定，对于数字化发展用途的公共数据按政府指导定价有偿使用，联系到《要素市场化配置体制机制意见》对政府指导定价设定的“引导市场主体依法合理行使要素定价自主权，推动政府定价机制由制定具体价格水平向制定定价规则转变”的基本原则，可以认为公共数据市场化配置定价模式仍然是市场主导下的政府制定定价标准模式。本书将之表述为“公共数据市场定价模式”。

〔2〕参见胡业飞、田时雨：《政府数据开放的有偿模式辨析：合法性根基与执行路径选择》，载《中国行政管理》2019 年第 1 期。

〔3〕参见《“十四五”规划〈纲要〉名词解释之 99|政府数据授权运营试点》，载 https://www.ndrc.gov.cn/fggz/fzzlgh/gjfzgh/202112/t20211224_1309355.html，最后访问日期：2022 年 8 月 6 日。

〔4〕参见《上海市公共数据开放暂行办法》（2019 年上海市人民政府令第 21 号）第 9 条第 1 款。

践，由公共数据主体部门、公共管理和服务机构等主导制定公共数据授权运营实施办法，公共管理和服务机构负责提供公共数据，授权运营单位实施公共数据开发利用。[1]

第三，公共数据市场化配置权益保障制度框架基本形成。如《数据安全法》明确规定保护个人、组织与数据有关的权益，鼓励数据依法合理有效利用，保障数据依法有序自由流动。开展数据处理活动应当遵守法律、法规，尊重社会公德和伦理，遵守商业道德和职业道德，诚实守信，履行数据安全保护义务，不得危害国家安全、公共利益，不得损害个人、组织的合法权益。[2] “数据二十条”明确规定建立体现效率、促进公平的数据要素收益分配制度，健全数据要素由市场评价贡献、按贡献决定报酬机制，探索个人、企业、公共数据分享价值收益的方式。[3] 这为包括自然人、法人及非法人组织在内的数据主体参与公共数据市场化配置，分享数据开发利用成果奠定了实践基础。

但在公共数据市场化配置过程中，尚存在公共数据概念界定不清及相关制度建设失范等局限性，亟须从理论层面为公共数据市场化配置法治化制度化提供理论证成，以此推动公共数据市场化配置的规范展开。

第一，公共数据概念范畴尚未得到规范厘定。现有实践倾向从控制主体及职责履行结果等维度界定公共数据概念范围，将公共数

---

〔1〕 参见《浙江省公共数据授权运营管理暂行办法》(征求意见稿)(五)(十六)(十七)，载 https://www.zj.gov.cn/art/2022/10/27/art_1229641549_59900783.html，最后访问日期：2022 年 12 月 2 日。

〔2〕 参见《中华人民共和国数据安全法》(2021 年 6 月 10 日第十三届全国人民代表大会常务委员会第二十九次会议通过)第 7、8 条。

〔3〕 参见《中共中央、国务院关于构建数据基础制度更好发挥数据要素作用的意见》(2022 年 12 月 2 日)。

据界定为公共管理和服务机构在履行职责和提供公共服务过程中收集或者生成的数据。[1] 这一概念界定模式并未将公共管理和服务机构享有权益的数据与自然人、法人及非法人组织享有权利的数据区别开来。换言之,公共管理和服务机构并非对其在履行职责过程中收集或者生成的全部数据均享有正当权益,事实上,那些专属于自然人、法人及非法人组织的数据,虽然自然人、法人及非法人组织将之提供给公共管理和服务机构,但公共管理和服务机构仅能够在依法履行公共管理和服务职责时使用这些数据,其并不能基于数据市场化配置直接获取数据授权收益,而应当将之归属于自然人、法人及非法人组织等数据主体。现有规制实践未能从推动公共数据市场化配置的角度,有效厘清公共管理和服务机构对其在依法履行职责和提供公共服务过程中收集数据享有的权利范围,进而对公共数据概念范畴作出合理界定,影响了公共数据市场化配置的规范展开。

第二,公共数据的权利归属及其权利体系尚未得到规范证成。公共数据的权利归属事关公共数据权利体系的规范建构和公共数据市场化配置的有序展开。现有规制实践尚未对公共数据权利归属及其权利体系建构作出规范界定,对于公共管理和服务机构能否作公共数据权利主体、公共管理和服务机构对公共数据享有的权利内容及公共数据权利的法律属性等问题缺乏必要的理论阐释,导致公共数据市场化面临授权主体缺失、授权利用法律依据不明等现实困境。

第三,公共数据市场化配置交易实现机制尚未得到全面确立。

---

〔1〕 参见《上海市公共数据开放暂行办法》(2019 年上海市人民政府令第 21 号)第 3 条第 1 款。

对于公共数据市场化配置应当以何种对象作为交易标的、采用何种交易模式、选择何种交易价格生成机制等内容,现有规制实践尚未作出全面回答。现有规制实践作出的制度安排过于宏观和原则性,缺乏从学理层面对公共数据市场化配置交易实现机制的可行性作出理论阐释和学理证成,制约公共数据市场化配置的健康发展。

第四,公共数据市场化配置数据主体权益保障机制尚未得到有效落实。包括"数据二十条"等在内的数据规制实践已对数据主体权益保障机制作出必要制度回应,但这些原则性的决策部署并未通过恰当的制度安排在实践中得到有效落实。对于自然人、法人及非法人组织等数据主体参与公共数据市场化配置过程中的收益分配需求,公共数据提供主体及数据利用主体在公共数据市场化配置过程中的数据安全保障义务等内容,现有规制实践尚未作出全面规制。当公共数据提供主体提供的数据存在质量瑕疵、数据利用主体违法违约利用公共数据时,采取何种约束机制避免此类风险发生,是当前公共数据市场化配置亟须解决的现实困境,亟须从制度层面作出有效回应。

鉴于此,本书以公共数据市场化配置法治保障机制研究为题展开,在规范界定公共数据概念范畴的基础上,厘定支撑公共数据市场化配置规范展开的公共数据权利体系、公共数据交易实现机制及数据主体权益保障机制,为公共数据市场化配置有效实现及数据基础制度建设提供理论准备。

二、研究对象与论域说明

(一)研究对象

本书以公共数据市场化配置法治保障机制为研究对象,从明确公共数据范围、公共数据权利体系、公共数据交易实现机制及数据主体权益保障机制等维度为推动公共数据市场化配置法治保障机制建构提供理论供给和制度方案。[1] 本书研究主要关注以下议题：

第一，公共数据概念及其法律属性。公共数据是公共数据市场化配置的基础性资源，也是探讨公共数据市场化配置的逻辑起点。规范界定公共数据概念范畴不仅有助于明确公共数据市场化配置可供利用的数据范围，还有利于厘清围绕公共数据不同主体间的利益关系，为公共数据权利体系建构及公共数据授权利用奠定基础。公共数据法律属性是影响公共数据权属配置及授权利用的关键要素，不同的法律属性定位对应不同的公共数据权属配置机制与授权利用模式，进而对公共数据市场化配置质量与效率产生决定性影响。因此规范界定公共数据法律属性对于公共数据权利体系及授权利用机制建构具有重要的理论意义和实践价值。

第二，公共数据权利体系的规范建构。本书语境下的公共数据权利体系特指顺应公共数据市场化配置现实需要的公共数据权利归属、权利属性及权利法律构造等基本内容，以此明确公共管理和服务机构对于公共数据享有权利的合理性、以民事法律制度规制公共数据市场化配置的可行性、公共管理和服务机构对公共数据享有权利的范围及其法律性质等事项。公共数据权利体系是展开公共

---

〔1〕 本书以公共数据市场化配置为研究对象，所有研究内容均围绕这一核心议题展开，因此本书语境下的公共数据概念范畴、公共数据权利体系、公共数据交易实现机制、数据主体权益保障机制均是以公共数据市场化配置为背景展开的探讨。基于简化表述需要，如无特殊说明，本书所言的公共数据权利体系、公共数据交易实现机制、数据主体权益保障机制指代的是“公共数据市场化配置公共数据权利体系”“公共数据市场化配置交易实现机制”“公共数据市场化配置数据主体权益保障机制”。

数据市场化配置的基础条件。公共数据市场化配置以授权利用形式展开,公共数据授权利用以规范界定公共数据权利归属及权利配置体系为前提。从理论层面明确公共数据权属配置的基本模式,并以之为基础建构公共数据民事权利体系,是推动公共数据市场化配置规范展开的重要制度基础。结合公共数据利用基本特点,借鉴现有民事权利体系建构的基本实践,可以考虑从明确公共数据权利归属模式、证成公共数据民事权利属性、建构公共数据权利法律关系等维度建构公共数据民事权利体系的基本框架。

第三,公共数据交易实现机制。公共数据交易实现机制是推动公共数据开发利用有效实现的重要制度基础。规范建构契合公共数据开发利用特点的公共数据交易实现机制能够最大限度地提高公共数据资源配置的质量和效率,为公共数据市场化配置提供制度保障。公共数据交易实现机制应当重点关注交易对象、交易定价机制、交易模式等核心议题。鉴于公共数据利用的非竞争性、非排他性特点,公共数据归属国家所有的性质定位及公共数据承载的经济社会价值,有必要为公共数据市场化配置设置有别于有体物等传统交易标的的交易实现机制。

第四,数据主体权益保障机制。公共数据市场化配置数据主体权益保障机制关注的是,在公共数据市场化配置过程中如何保障包括数据利用主体,自然人、法人及非法人组织等在内主体的合法权益,以此建构起完整的数据主体权益保障机制和数据安全维护机制。在数据主体权益保障机制建构时可以考虑从明确自然人、法人及非法人组织数据权益保障机制,公共管理和服务机构、数据利用主体的义务与责任等维度思考相应的制度建设方案,以提升公共数据市场化配置数据主体权益保障机制建构的针对性和可行性。

（二）论域说明

在本书展开过程中，有必要对本书所涉及的部分术语的内涵及其范围作出限定和说明，以从整体上明确本书研究的基本思路，保持本书研究内容的统一性、规范性和严谨性。从推动本书有序展开的角度出发，需要对公共数据、公共数据市场化配置、公共提供主体、数据利用主体、数据主体、公共数据权利等概念范畴作出清晰厘定。

1. 公共数据

公共数据，是公共管理和服务机构在履行公共管理和服务过程中收集或者生成的非专属于自然人、法人及非法人组织的数据。〔1〕公共数据是现行公共数据立法及国家政策采用的通用表述。〔2〕国家政策层面将公共数据界定为各级党政机关、企事业单位依法履职或者提供公共服务过程中产生的数据。〔3〕地方数据立法通常将公共数据界定为国家机关、事业单位，经依法授权具有管理公共事务职能的组织，以及供水、供电、供气、公共交通等提供公共服务的组

〔1〕参见赵加兵：《公共数据概念的规范界定及其民法意义》，载《河南牧业经济学院学报》2022年第2期。

〔2〕在公共数据规制初期，有的规制实践将公共数据命名为“政府数据”或者“政务数据”。尽管表述不一，但其核心范围仍具有一致性，各地实践多以《政务信息资源共享管理暂行办法》设定的政务数据范围为基础展开概念界定。但从规制范围看，公共数据范围要大于政务数据范围，公共数据的采集和生成主体既包括政务部门也包括水务、电力、燃气、通信、公共交通、民航、铁路等公用事业运营单位［参见《上海市公共数据开放暂行办法》（2019年上海市人民政府令第21号）第47条］。政务数据的收集和生成主体仅限于政府部门及法律法规授权具有行政职能的事业单位和社会组织［参见《政务信息资源共享管理暂行办法》（国发〔2016〕51号）第2条］。就这一角度而言，现行以“政府数据”“政务数据”为基础展开的规制实践能够为公共数据规制提供参考借鉴。为行文方便，本书统一采用“公共数据”表述，为与引文表述一致，在某些场合仍采用“政府数据”“政务数据”等表述。

〔3〕参见《中共中央、国务院关于构建数据基础制度更好发挥数据要素作用的意见》（2022年12月2日）。

织在履行公共管理和服务职责过程中收集和产生的数据。[1] 虽然现有规制方案对公共数据概念范围认知存在些许差异,但其核心内容具有高度一致性,均强调从形式要素、主体要素及内容要素对公共数据概念作出概括。从形式要素看,公共数据是公共管理和服务过程中所有事实或者统计数据的最终记录,其包括但不限于文件、资料、图表等各类数据资源。[2] 从主体要素看,公共数据的控制主体包括国家机关、事业单位及提供公共服务的组织等,实践中通常将之概括称为公共管理和服务机构(下文沿用这一称谓)。从内容要素看,公共数据的形成与公共管理和服务机构依法履行职责密切相关,任何非因公共管理和服务机构依法履行公共管理和服务职责形成的数据,都不应被归入公共数据范畴。

在公共数据范围界定时,现有规制方案着重从数据控制主体及控制结果等维度展开探讨,忽略了数据本身的产权属性。换言之,公共管理和服务机构对其收集的数据并非当然享有完整的控制权,部分被纳入公共数据"集合"范畴的数据,相关数据主体(其包括但不限于自然人、法人及非法人组织)仍对之享有合法权益,并可自由利用。[3] 就这一角度而言,有必要从产权配置维度对公共数据概念范畴作出反思。鉴于国家已对数据确权授权机制作出明确规定,[4]为推动公共数据市场化配置规范展开,可以考虑明确公共管理和服务机构与其收集数据间产权归属关系,在厘定公共数据集合

〔1〕 参见《上海市数据条例》(2021 年 11 月 25 日上海市第十五届人民代表大会常务委员会第三十七次会议通过)第 2 条第 4 款。

〔2〕 参见《政务信息资源共享管理暂行办法》(国发〔2016〕51 号)第 2 条第 1 款。

〔3〕 参见《广东省公共数据管理办法》(2021 年广东省人民政府令第 290 号)第 39 条。

〔4〕 参见《中共中央、国务院关于构建数据基础制度更好发挥数据要素作用的意见》(2022 年 12 月 2 日)。

中不同主体权利义务关系的基础上展开公共数据开发利用。而这也是本书在公共数据概念界定时,将专属于自然人、法人和非法人组织的数据排除在公共数据范围之外的主要原因。有关公共数据概念界定的实现方案及其制度价值将在下文论述,在此不作过多解释。

2. 公共数据市场化配置

公共数据市场化配置,是指发挥市场配置数据资源的决定性作用,依据市场规则、市场价格和市场竞争等方式配置公共数据,发挥其经济社会价值的过程。公共数据市场化配置与公共数据开放等非市场化数据利用方式具有明显差异。一是价值目标不同。公共数据市场化配置以释放公共数据的生产要素价值为目标,持续推动数据要素市场建构和数字经济健康有序发展,公共数据开放以实现公共数据的治理要素属性为目标,发挥公共数据在数字政府建设及数字社会治理层面的积极作用,[1]这也是现行数据立法将公共数据开放界定为公共服务提供行为的主要原因。二是实现方式不同。公共数据市场化配置注重发挥市场配置资源的决定性作用,在实施层面遵循平等自愿、公平诚信的民法基本原则,以民事合同方式实现公共数据开发利用。公共数据开放由公共管理和服务机构主导,并以行政协议为基础向社会公众提供公共数据。[2] 三是参与主体不同。公共数据市场化配置以满足市场主体的数据利用需求为主要目标,其数据利用主体是以营利为目的的市场主体,在范围上主

[1] 参见高争志:《公共数据开放制度的价值定位与实现路径》,载《数字图书馆论坛》2020 年第 1 期。

[2] 参见宋烁:《政府数据开放许可使用进路》,载《江西社会科学》2021 年第 9 期。

要是法人或者非法人组织。[1] 而公共数据开放以满足社会公众的数据利用需求为基本追求，其数据获取主体既可能是市场主体，也可能是自然人等非市场主体。四是定价模式不同。公共数据市场化配置的定价模式基本按照市场定价规则展开，基于公共数据的公共资源属性，可能需要政府根据实际需求确定公共数据市场化配置的价格界定标准。[2] 但整体而言，公共数据市场化配置以数据有偿使用为基础展开。而公共数据开放基于提供公共服务需求展开，目前在实践中通常以免费提供为基本方式。[3]

3. 公共数据提供主体

公共数据提供主体，主要是指公共管理和服务机构。公共管理和服务机构既是公共数据的管控主体，也是公共数据市场化配置的授权主体，其作为公共数据的提供主体具有内在的合理性。首先，

---

〔1〕 对于公共数据授权运营的被授权主体，现行立法尚未形成统一表述，有的表述为“被授权主体”[参见《上海市数据条例》(2021 年 11 月 25 日上海市第十五届人民代表大会常务委员会第三十七次会议通过)第 45 条]；有的表述为“授权运营单位”[参见《重庆市数据条例》(2022 年 3 月 30 日重庆市第五届人民代表大会常务委员会第三十三次会议通过)第 31 条第 2 款]；有的表述为“法人和非法人组织”[参见《浙江省公共数据条例》(2022 年 1 月 21 日浙江省第十三届人民代表大会第六次会议通过)第 35 条第 1 款]。从满足公共数据开发利用的技术及安全要求，推动公共数据开发利用有序展开的角度看，将公共数据被授权主体界定为“法人及非法人组织”较为合适。

〔2〕 “数据二十条”明确指出要“探索用于产业发展、行业发展的公共数据有条件有偿使用”“推动用于数字化发展的公共数据按政府指导定价有偿使用”。这一政策精神表明，公共数据市场化配置有必要基于有效市场和有为政府相结合的原则展开，在遵循市场定价模式的基础上发挥政府的指导作用，确定规范合理的公共数据市场化配置价格生成机制。参见《中共中央、国务院关于构建数据基础制度更好发挥数据要素作用的意见》(2022 年 12 月 2 日)。

〔3〕 如浙江省公共数据开放立法规定，特定类型的公共数据应当免费开放[参见《浙江省公共数据开放与安全管理暂行办法》(2020 年浙江省人民政府令第 381 号)第 27 条]。但“数据二十条”的规定，公共数据开放收费标准和定价模式可能需要作出必要调整。其明确指出“推动用于公共治理、公益事业的公共数据有条件无偿使用”[参见《中共中央、国务院关于构建数据基础制度更好发挥数据要素作用的意见》(2022 年 12 月 2 日)]。由此不难推知，除用于公共治理、公益事业的数据外，其他类型公共数据的使用将采取有偿使用模式，换言之，公共数据开放或将以“有偿使用为原则，以无偿使用为例外”的方式展开。

公共管理和服务机构是公共数据的收集和生成主体，其对公共数据的自然属性和法律属性较为熟悉，由其管控和提供公共数据有助于推动公共数据开发利用的规范展开。其次，公共管理和服务机构作为公共数据提供主体具有现实的实践基础。现行公共数据开放立法明确规定，由公共管理和服务机构向社会主体提供公共数据，供其开发利用。[1] 在公共数据授权运营语境下，许多地方也是由公共管理和服务机构负责提供公共数据，由授权运营单位负责开发利用。如成都市规定，由公共数据提供主体参与决定公共数据授权运营申请，并提出是否同意授权运营确认意见。[2] 如果公共数据提供主体同意授权运营，则应当按照数据利用需求及场景提供公共数据。而此处所言的公共数据提供主体正是公共管理和服务机构。最后，与公共数据主管部门相比，将公共管理和服务机构确定为公共数据提供主体更便于公共数据管控及开放利用。现行公共数据市场化配置尚未全面明确公共管理和服务机构法定的数据提供主体地位。因公共数据主管部门并不直接生成公共数据，就便利公共数据管控及开放利用角度而言，由公共管理和服务机构作为公共数据提供主体更符合公共数据市场化配置的现实需要。

公共管理和服务机构在范围上涵盖了所有履行公共管理和服务职能的行政机关和经授权履行公共管理和服务职责的组织。这一范围界定符合当前公共数据规制的基本实践。国务院在规制政务数据共享时将政务部门界定为“政府部门及法律法规授权具有行

---

〔1〕 参见《上海市公共数据开放暂行办法》（2019 年上海市人民政府令第 21 号）第 9 条第 1 款。

〔2〕 参见张会平等：《政府数据授权运营的实现机制与内在机理研究——以成都市为例》，载《电子政务》2021 年第 5 期。

政职能的事业单位和社会组织”。[1] 上海市在公共数据立法时规定，公共数据的收集主体是本市各级行政机关以及履行公共管理和服务职能的事业单位。[2] 国家及地方层面在规制公共数据时，均认为广义的公共数据管控者至少应当包括各级行政机关及其工作部门、法律法规授权的组织。

为表述方便及契合公共数据市场化配置实践，本书以公共数据提供主体代指公共管理和服务机构。如无特别说明，本书的“公共数据提供主体”“公共管理和服务机构”所指代的范围一致，以下统称为“公共数据提供主体”。

4. 数据利用主体

数据利用主体，是指依法依约利用公共数据的个人和组织。但从公共数据市场化配置的实践看，公共数据利用主体主要是组织，即具有市场竞争资格的法人和非法人组织。如在公共数据授权运营场景下，现行实践要求作为授权运营单位的数据利用主体应当具备相应的资质或者条件。浙江省公共授权立法规定，授权运营单位应当建立党的基层组织，经营状况良好并具备运营领域所需的专业资质、知识人才积累和生产服务能力，企业及其法定代表人无重大违法记录，企业及其法定代表人未被列入失信被执行人名单、重大税收违法案件当事人名单、严重失信名单。[3] 由此不难看出，其已然将自然人排除在公共数据授权运营单位之外。需要说明的是，现行公共数据市场化配置实践通常对数据利用主体施加相应限制，由

---

〔1〕 参见《政务信息资源共享管理暂行办法》（国发〔2016〕51 号）第 2 条。

〔2〕 参见《上海市公共数据开放暂行办法》（2019 年上海市人民政府令第 21 号）第 3 条。

〔3〕 参见《浙江省公共数据授权运营管理暂行办法》（征求意见稿）（十三），载 https://www.zj.gov.cn/art/2022/10/27/art_1229641549_59900783.html，最后访问日期：2022 年 12 月 27 日。

此导致数据利用主体在不同数据立法语境下可获取的公共数据存在较大差异。鉴于此,本书在展开公共数据市场化配置法治保障机制研究时,默认公共数据市场化配置遵循着理想的数据开发利用条件,忽略因各地数据立法实践可能带来的数据利用主体数据获取能力的差异。

5. 公共数据权利

公共数据权利,是指公共管理和服务机构代表国家对公共数据享有的权利。在公共数据市场化配置语境下,公共数据权利应被归入民事权利范畴。将公共管理和服务机构享有的公共数据权利界定为民事权利既具有必要性也具有可行性。一方面,这是推动公共数据市场化配置的现实需要。公共数据市场化配置以规范界定公共数据权利归属为基础,清晰明确的公共数据权利配置机制能够为公共数据授权利用奠定制度基础。[1] 另一方面,这是顺应民法规制数据权利发展趋势的必然选择。《民法典》明确将数据权利纳入民事权利规制范畴。[2] 鉴于公共数据是数据要素的重要组成部分,基于此建构的公共数据权利应被纳入民事权利范畴。从内容角度看,公共数据权利包括占有权、使用权、收益权、处分权及管控权等权项。

6. 数据主体

数据主体,是指自然人、法人和非法人组织等数据管控主体。在某些特定语境下,也可以将数据利用主体包括在内。但这里的数据主体并不包括公共数据提供主体。尽管根据《民法典》之规定,

---

〔1〕 参见魏益华、杨璐维:《数据要素市场化配置的产权制度之理论思考》,载《经济体制改革》2022 年第 3 期。

〔2〕 参见《中华人民共和国民法典》(2020 年 5 月 28 日第十三届全国人民代表大会第三次会议通过)第 127 条。

公共管理和服务机构属于机关法人，可被归入法人范畴。为了区分及表述方便，本书将数据主体主要限定于自然人、法人和非法人组织。这也是公共数据规制实践的通行做法。如广东省公共数据立法将公共管理和服务机构界定为数源部门，而将数据主体限定为数据指向的自然人、法人和非法人组织。[1]

7. 公共数据授权利用平台

公共数据授权利用平台，是为公共数据市场化授权利用提供数据存储、加工、处理及数据产品交易的基础设施（以下简称公共数据授权利用平台）。基于维护数据安全考量，公共数据市场化配置遵循“原始数据不出域，数据可用不可见”的基本原则。[2] 因此公共数据市场化配置有必要采用全国统一平台展开。现如今各地积极筹建公共数据开放及授权利用平台，尚未形成全国统一的公共数据授权利用平台，由此导致公共数据授权利用存在地区差异。本书在写作时忽视这些差异，以全国统一的公共数据授权利用平台为场景展开。此外，因公共数据授权利用平台作为支撑公共数据市场化配置的基础设施，其较少涉及法治化问题，因此本书不再对公共数据授权利用平台法治保障机制建构单独作出论述。

三、框架思路

本书沿着“提出问题—分析问题—解决问题”的思路展开。以分析概括公共数据市场化配置法治保障机制影响因素为逻辑起点，省思现有规制实践回应公共数据市场化配置法治保障机制建构存在的局限性，在借鉴域外国家公共数据开放实践成果的基础上，建

---

〔1〕 参见《广东省公共数据管理办法》（2021 年广东省人民政府令第 290 号）第 3 条。

〔2〕 参见《要素市场化配置综合改革试点总体方案》（国办发〔2021〕51 号）。

构公共数据市场化配置法治保障机制的实现方案。

第一，概括公共数据市场化配置法治保障机制的影响因素。公共数据市场化配置法治保障机制的影响因素包括但不限于公共数据市场化配置的概念范畴，公共数据市场化配置法治化应当考量的基本要素及公共数据市场化配置应当遵循的基本原则。基于对这些影响因素的全面概括，明确公共数据市场化配置法治保障机制建构的目标与方向。

第二，省思现行规制实践回应公共数据市场化配置法治保障机制建构的局限性。基于公共数据市场化配置法治保障机制的影响因素，全面反思现行理论与实践回应公共数据市场化配置的成绩与不足可以发现，现有研究建构的公共数据市场化配置法治保障机制尚不够系统并未形成体系。具体表现为未能从权属配置角度明晰公共数据概念范畴，公共数据权利体系建构不全面，公共数据交易实现机制不完善，数据主体权益保障机制不健全。

第三，考察域外公共数据开放实践对我国公共数据市场化配置法治保障机制建构的借鉴与启示。域外主要国家虽未展开公共数据市场化配置实践，但其在公共数据开放方面展开了较为完整的制度探索。对域外国家公共数据开放实践经验的归纳概括能够为我国公共数据市场化配置法治保障机制的规范建构提供参考借鉴。本书以美国、英国、日本及韩国等国家的公共数据开放实践为样本，从公共数据概念界定、公共数据权属配置，公共数据交易实现机制及数据主体权益保障机制等维度概括域外国家实践对我国公共数据市场化配置法治保障机制建构的借鉴与启示。

第四，谋划公共数据市场化配置法治保障机制建构的实现方案。针对现行实践回应公共数据市场化配置法治保障机制建构存在的局限性,本书提出了有针对性的制度建构方案。具体从公共数据概念范畴,公共数据权利体系、公共数据交易实现机制及数据主体权益保障机制等维度建构起规范的公共数据市场化配置法治保障机制。

四、主要目标

在明确公共数据概念范畴、公共数据权利体系框架、公共数据交易实现机制及数据主体权益保障机制的基础上,建构起规范的公共数据市场化配置法治保障机制。

第一,从产权归属维度明确公共数据概念范畴。公共数据资源的市场化配置以清晰厘定公共数据权利配置为基础,以此明确公共数据的权属配置关系。因此公共数据概念界定有必要从数据权利归属维度厘定公共数据概念范畴,弥补从收集和控制主体角度概括公共数据范围可能产生的权属界定不清的局限性。在明确公共管理和服务机构对其收集和生成数据享有权利范围的基础上,界分公共数据与个人数据、企业数据及司法数据的边界。

第二,从市场交易视角明确公共数据权利体系。公共数据市场化配置基于市场交易模式展开,因此有必要明确公共管理和服务机构对公共数据享有合法正当权利,进而证成由公共管理和服务机构主导公共数据市场化配置及提供公共数据的合理性。在公共数据权利建构时需要从理论层面证成公共数据归属国家所有,由政府代表国家实施公共数据开发利用的合理性。同时明确公共数据权利的民事权利属性,进而从权利主体、权利客体及权利内容等维度建构完整的公共数据权利法律关系,以此满足公共数据市场交易的发展需要。

第三,从资源配置维度明确公共数据交易机制。公共数据作为数据资源的重要组成部分,其无论是从数据数量还是从数据质量层面都居于重要地位。[1] 严格按照市场化模式建构公共数据授权利用实现模式,对于推动公共数据开发利用,释放其经济社会价值具有重要意义。公共数据交易实现机制的建构有必要考虑公共数据市场化配置的交易标的、交易价格、交易模式等核心内容。公共数据市场化配置交易标的设定应当关注公共数据归属国家所有的基本特点及维护数据安全的基本目标,公共数据交易价格机制建构应当关照到数据要素市场建构的基本目标及市场决定资源配置价格的市场运行逻辑,公共数据交易模式建构应当考虑公共数据利用的非竞争性特点及提高公共数据利用效率的现实需要。

第四,从利益平衡角度明确数据主体权益保障机制。公共数据市场化配置过程中,公共数据提供主体所提供的数据中既有公共管理和服务机构享有权利的数据,也有自然人、法人及非法人组织等数据主体享有正当权益的数据。从其基本运作逻辑看,公共管理和服务机构遵照"原始数据不出域,数据可用不可见"的原则通过特定平台向市场主体提供数据的行为,在实质上构成了其他数据主体对其数据权益的概括授权,授权公共管理和服务机构代为实施数据授权利用。但在此过程中,有必要明确其他数据主体正当权益实现的基本途径、公共数据提供主体及数据利用主体的行为限制,以此从积极层面和消极层面建构数据主体正当权益保护的制度框架。

五、基本观点

基于对公共数据市场化配置法治保障机制规制实践及其现实

---

[1] 李克强总理曾指出,"目前我国信息数据资源80%以上掌握在各级政府部门手里",参见李克强:《信息数据"深藏闺中"是极大浪费》,载 http://www.gov.cn/xinwen/2016-05/13/content_5073036.htm,最后访问日期:2023年3月10日。

困境的省思，本书形成了相对完整的公共数据市场化配置法治保障机制建构方案。相关观点和结论概括如下：

第一，公共数据市场化配置法治保障机制建构需要在明确公共数据概念范畴的基础上，从建构公共数据权利体系、公共数据利用机制及数据主体权益保障机制等维度展开。

第二，公共数据是公共管理和服务机构在依法履行公共管理和服务职责过程中收集和生成的非专属于自然人、法人及非法人组织的数据。公共数据是有别于个人数据、企业数据及司法数据的新的数据类型。从其性质看，公共数据属于新型公共资源。

第三，公共数据权利是公共管理和服务机构代表国家对公共数据享有的权利。公共数据归属国家所有，由政府代表国家行使公共数据权利既符合我国当前公共资源利用的基本模式，也契合公共数据开发利用的基本实践。公共数据权利具有民事权利的基本属性，是有别于现有民事权利的新的权利类型，其权能包括占有权、使用权、收益权、处分权及管控权等内容。

第四，公共数据交易实现机制至少应当包括交易标的制度、交易价格生成机制及交易实现模式等内容。公共数据市场化配置交易标的是公共数据使用权，公共数据市场化配置应当在政府制定定价标准的基础上遵循市场定价原则确定最终价格，公共数据市场化配置适宜采用开放许可模式展开，以统一标准向所有符合条件的市场主体提供公共数据，满足其数据开发利用需求。

第五，公共数据市场化配置数据主体权益保障机制建构主要从数据主体收益补偿机制、公共数据提供主体数据质量担保责任及数据利用主体信用惩戒机制等维度展开，以此明确数据主体利益实现机制及公共数据提供主体、数据利用主体的义务与责任边界。

六、可能的创新点

第一,从产权配置角度厘定了公共数据概念范畴。基于推动公共数据市场化配置的考量,本书一改从控制主体维度界定公共数据范畴的模式,尝试从产权归属维度建构公共数据概念体系,在界分公共管理和服务机构,自然人、法人和非法人组织等主体各自对公共管理和服务机构依法收集的数据享有权益范围的基础上,厘定了公共数据与个人数据、企业数据及司法数据等数据类型的分野。为公共数据市场化交易奠定了理论基础。

第二,从理论层面证成了公共数据权属配置的基本法律构造。基于完善公共数据权利归属理论体系,推动公共数据权属配置法治进程。本书尝试从宪法及法律层面建构公共数据权属配置模式。在宪法层面确立公共数据公共资源法律属性及国家所有的基本定位;在法律层面明确公共数据权利专有权的法律属性及占有权、使用权、许可权、处分权及管控权等权利内容,并明确由政府代表国家行使公共数据权利。以此从宪法及法律层面建构起完整的公共数据权利体系,为宪法及法律规制公共数据权利提供理论准备。

第三,从理论层面证成了数据主体权益保障机制建构的制度安排。基于保障自然人、法人及非法人组织等数据主体合法权益的考虑,本书从数据主体收益补偿机制、公共数据提供主体数据质量担保责任及数据利用主体信用惩戒机制等维度建构了相对完善的数据主体权益保障机制,并从理论层面证成了以此为基础建构数据主体权益保障机制的必要性与可行性,为自然人、法人及非法人组织等数据主体合法权益保障提供理论基础。

第二章　公共数据市场化配置法治化的影响因素

在讨论公共数据市场化配置法治化议题时，有必要清晰厘定公共数据市场化配置的基本内涵、公共数据市场化配置的基本原则及公共数据市场化配置法治化应当考量的基本要素，以此为公共数据市场化配置法治保障机制建构提供基础与前提。

第一节　公共数据市场化配置的概念界定

一、要素市场化配置概念界定

要素市场化配置既是不断提升我国资源配置效率、实现高质量发展的有力保障，也是建立现代市场体系的重要目标。[1] 要素市场化配置与市场

〔1〕 参见刘志成：《要素市场化配置的主要障碍与改革对策》，载《经济纵横》2019年第3期。

决定资源配置具有一致性,二者均强调市场在资源配置中的决定性作用,要素市场化配置是市场决定资源配置的实现方式。[1]

根据现有理论与实践可知,要素市场化配置的基本要求主要包括如下维度:第一,要素能够自由流动。要素资源在市场中流动不存在人为的障碍和市场垄断,也不存在行政限制。[2] 第二,要素产权归属清晰。各类资源要素的产权得到清晰合理的配置,权利主体的产权各自独立且边界较为清晰。[3] 第三,要素市场交易高度自主。市场主体能够按照自愿平等、等价有偿及诚实信用的基本要求展开资源配置,促进要素资源的有序流动。第四,要素价格由市场决定。即由市场决定要素的最终定价,且要素定价能够及时灵敏地反映市场供求关系。第五,要素市场化配置法律体系健全。促进要素市场配置有效实现的各类法律制度业已有效确立并得到贯彻实施。

基于上述分析可对要素市场化配置作出如下概念界定:要素市场化配置,是指发挥市场配置资源的决定性作用,依据市场规则、市场价格和市场竞争等方式配置要素资源,发挥其经济社会价值的过程。

二、公共数据市场化配置的内涵界定

借鉴要素市场化配置的基本实现模式,结合公共数据自身特点,可以对公共数据市场化配置内涵作如下界定:公共数据市场化配置,是指发挥市场配置资源的决定性作用,依据市场规则、市场价

[1] 参见洪银兴:《实现要素市场化配置的改革》,载《经济学家》2020 年第 2 期。
[2] 参见洪银兴:《实现要素市场化配置的改革》,载《经济学家》2020 年第 2 期。
[3] 参见洪银兴:《实现要素市场化配置的改革》,载《经济学家》2020 年第 2 期。

格和市场竞争等方式配置公共数据要素资源,发挥其经济社会价值的过程。

结合要素市场化配置的基本范畴,可对公共数据市场化配置概念作出如下分析解构。

(一)公共数据由市场配置

公共数据市场化配置的基本要求主要包括如下两个维度:

一方面,发挥市场在公共数据要素配置中的决定性作用,依据市场机制推动公共数据开发利用,发挥公共数据的经济社会价值。公共数据市场化配置要求形成推动公共数据自由流动、数据价格反应灵活、竞争公平有序、市场主体优胜劣汰的公共数据要素市场、等价交换的价格机制、市场主体自主决策的信息机制、充分竞争的交易机制和责任自负的风险利益机制。[1] 因相关内容将在下文作详细阐述,在此不作过多解释。

另一方面,减少行政干预对公共数据市场化配置的影响。公共数据是公共管理和服务机构收集或者生成的数据。公共管理和服务机构承担着推动公共数据共享开放及数字政府建设等基本职责,从确保自身基本职能实现及维护数据安全等维度看,公共管理和服务机构有必要对公共数据开发利用施加必要限制。此外,公共管理和服务机构是公共数据的唯一提供主体,由此导致其不可避免地会对公共数据市场化配置产生相应影响。为推动公共数据市场化配置的规范展开,有必要从理论层面明确公共管理和服务机构干预公共数据市场化配置的行为边界。首先,明确公共数据市场化配置的实现机制。公共数据市场化配置意在按照市场化方式实现公共数

---

〔1〕 参见洪银兴:《实现要素市场化配置的改革》,载《经济学家》2020 年第 2 期。

据开发利用,其在实施层面应尽可能贴近要素市场化配置的基本运作模式,以此释放公共数据的生产要素价值。由此决定了公共数据要素市场化配置主要以民事法律为基础展开资源配置和制度建构,[1]并尽量减少行政法等公法对公共数据市场化配置的干预。

其次,明确公共数据市场化配置与公共数据开放的区别。公共数据开放是向自然人、法人或者非法人组织依法提供公共数据的公共服务行为。[2] 公共数据开放以满足社会公众的数据获取利用需求为基础,实现公共数据的治理要素价值为目标。[3] 对比可知,公共数据开放与公共数据市场化配置存在明显差异:一是价值目标不同。公共数据市场化配置以释放公共数据的生产要素价值为目标,持续推动数据要素市场建构和数字经济健康有序发展,公共数据开放以实现公共数据的治理要素属性为目标,发挥公共数据在数字政府建设及数字社会治理层面的积极作用,[4]这也是现行立法将公共数据开放界定为公共服务提供行为的主要原因。二是实现方式不同。公共数据市场化配置注重发挥市场配置资源的决定性作用,在实施层面遵循平等自愿、诚信公平的民法基本原则展开,并通过民事合同方式实现公共数据的开发利用。公共数据开放由公共管理和服务机构主导,由其直接向社会公众提供公共数据,公共数据开放主要以行政协议方式展开。[5] 三是参与主体不同。公共数据

---

[1] 参见申卫星、刘云:《民法典是社会主义市场经济的基本法》,载《光明日报》2020年5月30日,第7版。

[2] 参见《浙江省公共数据条例》(2022年1月21日浙江省第十三届人民代表大会第六次会议通过)第27条。

[3] 参见宋华琳:《中国政府数据开放法制的发展与建构》,载《行政法学研究》2018年第2期。

[4] 参见高争志:《公共数据开放制度的价值定位与实现路径》,载《数字图书馆论坛》2020年第1期。

[5] 参见宋烁:《政府数据开放许可使用进路》,载《江西社会科学》2021年第9期。

市场化配置以满足市场主体的数据利用需求为主要目标,数据利用主体是以营利为目的的市场主体,在范围上主要是法人或者非法人组织。而公共数据开放以满足社会公众的数据利用需求为基本追求,其数据获取主体既可能是市场主体,也可能是自然人等非市场主体。四是定价模式不同。公共数据市场化配置的定价模式基本按照市场定价规则展开,基于公共数据的公共资源属性,可能需要政府根据实践需求确定公共数据市场化配置的价格界定标准。但整体而言,公共数据市场化配置以数据有偿使用为基础展开。而公共数据开放基于提供公共服务需求展开,目前在实践中通常以免费提供为基本方式。

最后,明确公共数据市场化配置数据安全保障机制。数据安全是公共数据市场化配置的底线,也是公共数据管理和服务机构必须履行的基本职责。在公共数据市场化配置过程中其基于维护数据安全考虑干预数据利用具有内在必要性。而通过建构相对规范的公共数据安全保障机制可以有效减少公共管理和服务机构对数据市场化配置的干涉。严格遵循"原始数据不出域,数据可用不可见"的公共数据开发利用的基本原则,能够在较大程度上减少公共管理和服务机构对公共数据市场化配置的影响和干预,推动公共数据按照市场需求展开流通利用。

(二)公共数据依据市场机制展开交易

市场化的要素交易要求业已形成清晰明确的产权制度、自主决策的市场主体、公开透明的交易规则和规范有序的价格机制。[1]在公共数据市场化配置时有必要按照市场机制的基本要求展开相

---

〔1〕 市场化价格机制将在下文作详细阐述,在此不作过多解释,着重就其他三个维度内容作以详细分析。

应制度建构。

第一,明确围绕公共数据形成的权益配置关系。清晰的权利归属和有效的产权制度是市场交易规范展开的基本保障。市场配置资源的决定性作用也只有在产权清晰确定的基础上才能顺利实现。清晰确定数据权属有利于明确数据交易主体的责权,规范数据交易主体行为,化解因数据产权不清带来的利益冲突,引导数据交易相关方规范展开数据交易,促进数据产业发展。[1] 公共数据市场化配置也存在权益配置需求。在公共数据市场化配置时有必要全面厘清围绕公共数据形成的数据持有者、公共管理和服务机构及数据利用主体间的权益配置关系。首先,确定作为数据持有主体的自然人、法人及非法人组织对其提供数据享有的权益。自然人、法人及非法人组织基于参与公共管理和获取公共服务需要向政府部门提供自己掌握的数据,这些数据或是涉及个人隐私,或是涉及企业商业秘密,或是与知识产权有关的信息。这类数据虽由政府部门管控,但其并非当然对这些数据享有相应权益。在公共数据市场化配置时必须尊重自然人、法人及非法人组织的数据权益。其次,确定公共管理和服务机构对其控制的数据享有的权利范围。公共管理和服务机构在依法履职过程中收集的数据,除包括自然人、法人及非法人组织提供的数据外,还有海量的来自交通、地理、资源、农业、环境、气象、海洋等领域的数据,这些数据一般不涉及自然人及法人组织的数据,其开发利用之于数字经济发展具有积极推动意义。规范界定公共管理和服务机构对于这些数据的权属关系,是推动此类公共数据授权利用的关键措施和基本前提。最后,确定数据利用主

[1] 参见王伟玲等:《加快数据要素市场培育的关键点与路径》,载《经济纵横》2021 年第 3 期。

体基于公共数据开发利用形成的权益范围。数据利用主体基于数据开发利用形成的利益主要涉及其对相关数据产品享有的权益。这些权益在现行政策和法规框架下已经得到确认和保护。[1] 在公共数据市场化配置语境下,有必要明确数据利用主体的合法权益范围,以此厘定其与公共数据提供主体之间的权益配置关系。

第二,确定自主决策的数据交易主体。在公共数据市场化配置语境下,合格的数据交易主体主要包括两种类型:一是作为公共数据提供主体的公共管理和服务机构;二是作为公共数据利用主体的市场主体。就公共数据提供主体而言,其在公共数据市场化配置过程中居于实际的"自然垄断"地位,其是公共数据的唯一供给主体,可以对公共数据市场化配置施加更多的影响和干预。公共数据提供主体可以自主决定公共数据市场化配置的基本模式和实现方式,公共数据利用主体对此并无更多的掌控能力。鉴于此,为推动公共数据市场化配置的有序展开,有必要对公共数据提供主体的市场支配地位作出相应限制:一方面,要求公共数据提供主体尽可能扩大公共数据的供给数量和范围。除不能对外提供的数据外,公共数据提供主体应当将其控制公共数据通过特定平台向市场主体提供,满足其数据利用需求。另一方面,公共数据提供主体不能对公共数据利用主体设置歧视性条件。其应当平等地为所有符合条件的市场主体提供数据开发利用机会,不得对本地企业和外地企业及不同所有制企业采取差别待遇。

就数据利用主体而言,应当为其提供充分获取公共数据的条件

〔1〕 国家政策文件,参见《中共中央、国务院关于构建数据基础制度更好发挥数据要素作用的意见》(2022 年 12 月 2 日);地方性法规层面,参见《浙江省公共数据条例》(2022 年 1 月 21 日浙江省第十三届人民代表大会第六次会议通过)第 34 条第 2 款。

和机制。一方面,要建立合理的市场准入机制。在公共数据市场化配置时应当明确数据利用主体识别的负面清单,所有负面清单之外的市场主体都可以平等地参与公共数据授权利用。而且公共数据市场化配置市场主体准入机制应当公平统一、开放透明,不得存在不合理的歧视和差异化待遇。另一方面,要建立数据利用主体退出机制。数据利用主体在利用公共数据时应当尽到相应的数据安全保障义务,并采取相应的数据安全保障机制。在数据利用主体退出公共数据开发利用协议以及在其数据产品或者数据服务被交易后,数据利用主体一般不需承担相应的数据安全保障义务,以此减轻市场主体参与公共数据开发利用的法律责任,保护数据利用主体的合法权益,推动公共数据市场化配置的规范展开。

第三,确定公开透明的公共数据市场化配置交易规则。公开透明的公共数据市场化配置交易规则至少应当涵盖如下维度:首先,公共数据授权利用的竞争机制应当足够公开透明。所有符合条件的市场主体都能够基于权利平等、机会均等、公平交易等基本原则获取和利用公共数据。其次,数据利用主体在数据利用时应当诚实守信,不得违背数据利用协议的基本规定,危及公共数据安全及其他数据主体的合法权益。最后,提高公共数据供给的透明度。公共数据提供主体应当以规范形式告知可以授权利用的公共数据类型和范围,确保市场主体能够及时获取相关信息,提高公共数据开放利用的质量和效率。

(三)公共数据交易由市场定价

由市场决定公共数据交易定价,是贯彻市场在公共数据市场化配置中起决定作用的必然选择,以发挥有效市场对资源配置的基础性作用。公共数据交易由市场定价包含两个维度等内容。

一是形成由市场主导的公共数据授权利用价格生成机制。发挥市场在公共数据市场化配置价格生成方面的决定性作用,包含有效市场和有为政府两个维度。一方面,在公共数据市场化配置过程中,必须遵循市场起决定性作用的基本原则,由市场确定数据价值,由供求关系决定数据价格,形成真实反映公共数据供求关系的数据交易机制。另一方面,在公共数据市场化配置过程中,有必要体现政府的调控作用。政府作为公共数据的唯一供给主体,基于维护公共利益目的,其需要对公共数据交易定价作出必要干预,通过制定价格标准确立合理的数据交易定价区间,形成有效市场和有为政府互动的公共数据市场化配置价格生成机制。

二是形成由市场主导的数据收益分配机制。在公共数据收集和生成过程中,公共管理和服务机构,自然人、法人及非法人组织都作出了贡献。公共数据市场化配置过程中,有必要确立由市场评价贡献、按贡献决定收益的分配机制,确保利归其主。一方面,数据参与分配由市场评价贡献,唯有经过市场评价的数据要素才能参与分配,一般意义的普通数据不得参与收益分配。[1] 另一方面,数据收益分配按贡献决定报酬,以数据创造的物质财富决定报酬水平。按照"谁投入、谁贡献、谁受益"原则,保护数据要素各参与方的投入产出收益,依法依规维护数据资源资产权益。[2]

---

〔1〕 参见蒋永穆:《数据作为生产要素参与分配的现实路径》,载《国家治理》2020 年第 31 期。

〔2〕 参见《中共中央、国务院关于构建数据基础制度更好发挥数据要素作用的意见》(2022 年 12 月 2 日)。

第二节　公共数据市场化配置的基本原则

为规范推进公共数据市场化配置，有必要明确公共数据市场化配置应当遵循的基本原则，以此确立公共数据市场化配置的基本实现逻辑。整体而言，公共数据市场化配置应当遵循平等开放、鼓励开发、诚实信用、利益保护及安全可控等基本原则。

一、平等开放原则

平等开放原则，是指公共数据提供主体应当向符合条件的数据利用主体平等且无歧视地提供公共数据。平等开放原则意在从数据利用主体角度评判公共数据利用实际情况，重点关注数据利用主体能否平等获取公共数据，平等承担因数据利用而产生的义务及法律责任。平等开放原则语境下的平等强调的是数据利用主体的地位平等及获取公共数据的机会平等。对平等开放原则可以从如下维度作出合理解释。

第一，数据利用主体平等享有利用公共数据的权利。数据利用主体的数据利用权利主要包括如下内容：首先，平等地享有公共数据开放请求权。公共数据开放请求权是保障数据利用主体获取及利用数据的基础性权利。在公共数据市场化配置时，数据利用主体既可依法请求获取公共数据开放目录列明的公共数据，也可以请求获取公共数据开放目录之外的公共数据，公共数据提供主体对数据利用主体的此项请求应当依法作出回应。[1] 其次，平等地享有公共数据利用权。对于数据利用主体的数据获取行为，公共数据提供主体不得设置歧视性条件。[2] 对于无条件开放类公共数据，数据利用主体可以依法直接获取；对于有条件开放类公共数据，具有相应数据存储、处理及安全保障能力的数据利用主体可以依照相关程序申请获取。[3] 因国家层面尚未就公共数据开放统一立法，各地公共数据开放规制实践对数据开放属性作出的判断存在某些差异，导致数据利用主体依据不同立法方案能够利用的公共数据存在一定差异。[4] 但这并不违背公共数据平等开放原则，数据利用主体依据同一项数据开放方案所能获取和利用的数据类型及范围仍具有一致性。最后，平等地享有数据收益权。在公共数据市场化配置场合，数据利用主体基于加工、组合及创新等活动对公共数据进行开发利用，形成了有别于原始公共数据的数据产品，对于这些数据

〔1〕 参见《浙江省公共数据开放与安全管理暂行办法》(2020 年浙江省人民政府令第 381 号)第 22 条。

〔2〕 参见《浙江省公共数据开放与安全管理暂行办法》(2020 年浙江省人民政府令第 381 号)第 16 条第 1 款。

〔3〕 参见《浙江省公共数据开放与安全管理暂行办法》(2020 年浙江省人民政府令第 381 号)第 16 条第 3 款。

〔4〕 对于数据开放属性，各地规制方案不尽相同，尤其在有条件开放类及禁止开放类公共数据范围认定方面存在较大差异。广东省数据立法规定：涉及商业秘密、个人隐私，或者根据法律、法规、规章等规定不得开放的公共数据，不予开放。但经过依法脱密脱敏处理或者相关权利人同意开放的应当开放[参见《广东省公共数据管理办法》(2021 年广东省人民政府令第 290 号)第 53 条]。上海市数据立法规定：涉及商业秘密、个人隐私，或者法律法规规定不得开放的公共数据列入非开放类……非开放类公共数据依法进行脱密脱敏处理，或者相关权利人同意开放的，可以列入无条件开放类或者有条件开放类[参见《上海市公共数据开放暂行办法》(2019 年上海市人民政府令第 21 号)第 11 条]。浙江省数据立法规定：对于禁止开放类公共数据在经过脱敏脱密技术处理后，符合开放条件的，可以列入无条件开放或者有条件开放类公共数据。对于某些涉及商业秘密、个人隐私的公共数据，如果不公开可能对社会公共利益造成重大影响的，可以将之列入无条件开放类或者有条件开放类公共数据[参见《浙江省公共数据开放与安全管理暂行办法》(2020 年浙江省人民政府令第 381 号)第 14 条]。

开发利用成果,法律应当予以认可与保护。这既是贯彻劳动财产理论的基本要求,也是激励数据开发利用,推动建构数据要素市场的现实需要。现行公共数据规制实践尝试对数据利用主体的这些合法权益予以保护,并作出相应的制度安排。[1] 数据利用主体对其基于公共数据开发利用形成的数据产品享有合法权益,并可依法交易相关数据权益。[2]

第二,数据利用主体平等履行因数据利用产生的义务。根据公共数据固有的属性特点,结合公共数据利用实践可知,数据利用主体在数据利用时应当承担如下义务:首先,依法依约利用公共数据,未经同意不得将获取的公共数据用于约定之外的场景、不得对外提供获取的公共数据;其次,在利用公共数据形成的成果中如实标记公共数据来源;再次,及时报告公共数据处理情况,接受公共数据提供主体的数据管控;最后,履行数据安全管理职责,做好数据安全管控工作。[3]

第三,数据利用主体平等承担数据利用不当法律责任。为维护数据安全、促进公共数据有序开发利用,保护相关数据主体合法权益,现行数据立法对数据利用主体的不当数据利用行为设置有明确的法律责任。数据利用主体出现未履行个人信息保护义务,侵犯他人商业秘密、个人隐私等合法权益,利用公共数据获取非法利益等行为的,应当承担相应法律责任。[4]

---

〔1〕 参见《上海市数据条例》(2021 年 11 月 25 日上海市第十五届人民代表大会常务委员会第三十七次会议通过)第 12 条第 2 款。

〔2〕 参见《浙江省公共数据开放与安全管理暂行办法》(2020 年浙江省人民政府令第 381 号)第 24 条。

〔3〕 参见《浙江省公共数据开放与安全管理暂行办法》(2020 年浙江省人民政府令第 381 号)第 17 条。

〔4〕 参见《广东省公共数据管理办法》(2021 年广东省人民政府令第 290 号)第 53 条。

二、鼓励开发原则

公共数据是重要的生产要素，承载着诸多经济社会价值，公共数据的深入开发利用对于推动数字经济发展、数字政府建设及数字社会治理具有重要意义。在公共数据市场配置过程中，有必要持续扩大公共数据供给数量和范围，提高公共数据开发利用的广度和深度。公共数据市场化配置语境下的鼓励开发原则实施可以考虑从如下维度展开：

第一，持续扩大公共数据供给的范围和深度。充足的公共数据供给是公共数据市场化配置的基本保障。公共数据提供主体应当在保障数据安全的前提下，不断提高公共数据供给的数量和范围。而且持续扩大公共数据供给数量和范围已然成为社会共识。党中央、国务院明确提出要“研究建立促进企业登记、交通运输、气象等公共数据开放和数据资源有效流动的制度规范”。[1] 国务院发文进一步明确了数据要素市场化配置的基本规则，并从“完善公共数据开放共享机制”“建立健全数据流通交易规则”等维度指明了公共数据开发利用的基本要求。[2] 地方数据立法也在持续探索扩大公共数据开放范围的制度方案，不断扩大无条件开放类和有条件开放类公共数据的范围。对于涉及国家秘密与安全、商业秘密、个人隐私的数据，以及因获取协议或知识产权保护而禁止开放的数据，经脱敏脱密处理后列入无条件开放类或有条件开放类公共数据。对于商业秘密及个人隐私等数据，因与社会公共利益密切相关确需

---

〔1〕 参见《中共中央、国务院关于构建更加完善的要素市场化配置体制机制的意见》(2020年3月30日)。

〔2〕 参见《要素市场化配置综合改革试点总体方案》(国办发〔2021〕51号)。

开放的,可直接列入无条件开放类或有条件开放类公共数据。[1] 在公共数据开放实践中,公共数据提供主体有必要根据经济社会发展需要及时调整数据开放政策,在符合数据安全要求的前提下不断扩大公共数据开放范围。

第二,明确有条件开放类公共数据获取的基本条件。设置明确的可获取有条件开放类公共数据的主体条件,有助于健全此类公共数据的获取门槛,明确数据利用主体的确定和遴选机制,不断规范数据利用主体资质,提高公共数据利用质量与水平。现行公共数据开放实践从数据存储能力、数据处理能力、数据安全保护能力及信用等级等维度对有条件开放类数据利用主体的资质作出明确限定。[2] 这对于推动有条件开放类公共数据开发利用和市场化配置具有积极推动作用。

第三,支持数据利用主体对数据进行融合、加工与创新。公共数据是基于公共管理和服务形成的数据,尽管公共数据来源广泛,但其在内容及数量方面仍可能存在局限性,将公共数据与企业数据及社会数据深度融合,将产生更大的经济社会价值。这也是现行数据立法支持公共数据管理和服务机构采购非公共数据的重要原因。[3] 在公共数据市场化配置场合,也应当支持数据利用主体将公共数据与其获取的其他数据相结合,通过持续的数据融合、加工

---

〔1〕 参见《浙江省公共数据开放与安全管理暂行办法》(2020 年浙江省人民政府令第 381 号)第 14 条。

〔2〕 参见《浙江省公共数据开放与安全管理暂行办法》(2020 年浙江省人民政府令第 381 号)第 16 条第 3 款。

〔3〕 参见《上海市数据条例》(2021 年 11 月 25 日上海市第十五届人民代表大会常务委员会第三十七次会议通过)第 32 条。

和创新形成新的数据产品和服务。[1]

三、诚实信用原则

诚实信用既是社会交往的基本要求也是处理法律关系的基本原则。在公共数据市场化配置过程中,公共数据提供主体及数据利用主体等均应严格恪守诚实信用原则,切实维护相关数据主体合法权益。

第一,公共数据提供主体诚实信用的基本要求。公共数据提供主体在公共数据市场化配置过程中既要依法处理公共数据又要依法、依约及时提供公共数据。一方面,公共数据提供主体应当依法处理公共数据。公共数据这类原始数据集合承载着多元价值,包含诸多重要信息,在向市场主体提供数据前需要对之作出必要技术处理,同时基于实践需要对其开放属性及范围作动态调整,以不断扩大可提供数据的范围。整体而言,公共数据提供主体的数据处理活动至少应当包括如下维度:首先,及时更新公共数据。及时更新公共数据既是确保公共数据完整性的基本要求,也是保障公共数据质量的现实需要。现行数据立法对公共数据主管部门及公共数据提供主体的数据更新义务有明确规定,[2]以此保障公共数据质量及推动公共数据市场配置的有序展开。其次,完善公共数据格式。完善统一的公共数据格式意在确保公共数据的可机读性。公共数据可能以各种形式呈现,格式多元的公共数据并不利于计算机集中处理,影响公共数据利用的质量与效率。因此完善统一数据格式便成

---

〔1〕 参见《上海市公共数据开放暂行办法》(2019 年上海市人民政府令第 21 号)第 30 条。

〔2〕 参见《广东省公共数据管理办法》(2021 年广东省人民政府令第 290 号)第 11 条。

为实现公共数据可用性、有效性和时效性的重要措施。再次,对公共数据进行脱敏脱密处理。对公共数据进行脱敏脱密处理既是维护国家利益、社会公众利益,商业秘密及个人隐私的必要措施,也是不断扩大公共数据市场化配置广度和深度的内在需求。许多本不具备开放条件的公共数据经过脱敏脱密处理,成为可以有条件甚至无条件开放的公共数据,从而在整体上扩大公共数据市场化配置的数据资源总量。最后,依法处理数据主体的建议与诉求。公共数据提供主体在公共数据市场化配置过程中应当密切关注相关数据主体的利益诉求。对于自然人、法人或者非法人组织要求中止、撤回已公开公共数据的诉求及时作出回应,并将处理结果及时告知当事人。[1]

另一方面,公共数据提供主体应当依法提供公共数据。公共数据提供主体的数据供给义务至少包括如下维度:首先,根据数据开放目录向市场主体提供数据。公共数据开放目录列明的数据范围是公共数据提供主体可以提供的数据总和,公共数据提供主体依数据开放目录提供公共数据是其履行公共数据开放义务的基本要求。其次,向市场主体提供符合利用条件的数据。公共数据提供主体提供的数据既要符合数据利用主体的现实需要,又要符合数据格式及质量要求。这也是公共数据开放立法的基本发展趋势。[2] 最后,依照数据安全要求提供数据。公共数据提供主体须通过指定平台

---

〔1〕 参见《浙江省公共数据开放与安全管理暂行办法》(2020 年浙江省人民政府令第 381 号)第 35 条第 1 款。

〔2〕 参见《浙江省公共数据开放与安全管理暂行办法》(2020 年浙江省人民政府令第 381 号)第 29 条。

或渠道提供数据,不得绕过平台实现数据交易或提供数据,[1]以维护数据安全和公开公平公正的公共数据市场化配置竞争环境。

第二,数据利用主体诚实信用的基本要求。数据利用主体依法依约利用公共数据是其贯彻诚实信用原则的基本要求和具体表现。数据利用主体在数据利用语境下的诚实信用主要表现在如下维度:首先,按照约定场景利用公共数据。包括公共数据在内的数据资源具有较强的场景应用属性,其可在多种场景中发挥作用,而且在不同场景下发挥的作用和释放的价值存在差异。公共数据市场化配置需要事先确定数据授权开发利用的具体场景,并基于数据利用场景设置许可条件及双方当事人权利义务关系。数据利用主体可将公共数据应用于科技研究、咨询服务、产品开放、数据加工等规定场景,[2]以及将公共数据与社会数据深度融合,以提升公共数据和社会数据价值。市场主体未经许可不得扩大公共数据利用场景,更不得实施损害国家利益,社会公共利益及第三方合法权益的数据处理行为。[3]

其次,不得对外流转公共数据。数据利用主体基于数据授权开发协议获得的是在特定场景中利用公共数据的权利,其未经许可对外流转公共数据可能给公共数据提供主体的合法权利造成不当损害,甚至可能引发数据安全风险。公共数据的获取和利用必须经过严格的安全评估,并通过特定平台和渠道实施,数据利用主体未经

〔1〕 参见《上海市数据条例》(2021 年 11 月 25 日上海市第十五届人民代表大会常务委员会第三十七次会议通过)第 87 条第 6 款。

〔2〕 参见《上海市公共数据开放暂行办法》(2019 年上海市人民政府令第 21 号)第 23 条;《浙江省公共数据开放与安全管理暂行办法》(2020 年浙江省人民政府令第 381 号)第 26 条第 2 款。

〔3〕 参见《浙江省公共数据开放与安全管理暂行办法》(2020 年浙江省人民政府令第 381 号)第 24 条。

许可对外流转公共数据将导致公共数据脱离现有数据管控机制，引发不可估量的数据安全风险。

最后，采取措施维护数据安全。数据利用主体利用公共数据时应当善尽合理注意义务，履行保护个人信息义务、维护他人商业秘密及个人隐私等合法权益。[1] 积极配合公共数据提供主体实施数据安全管控，自觉接受公共数据提供主体对数据利用活动的追踪、评估及管理。

四、利益保护原则

利益保护原则意在强调公共数据市场化配置过程中应当尊重和保护相关主体的利益，建构完善的数据主体权益保护机制。公共数据市场化配置过程中涉及主体包括但不限于公共数据提供主体、数据利用主体及其他数据主体（包括自然人、法人及非法人组织）。在公共数据市场化配置过程中对这些主体合法权益的肯定、尊重与维护，对于推动公共数据授权利用规范展开，培育规范的数据要素市场具有重要意义。公共数据市场化配置的利益保护可以考虑从如下维度展开：

第一，维护公共数据提供主体的正当权益。公共数据提供主体是公共数据的管控者，其代表国家对公共数据行使权利及展开公共数据市场化配置。对公共数据提供主体权益的尊重和维护是公共数据市场化配置的基础与前提。公共数据开放主体正当权益维护需要考虑如下内容：首先，明确公共数据归属国家所有的性质定位。公共数据归属的规范界定是实现公共数据权利配置的基础。公共

[1] 参见《广东省公共数据管理办法》（2021 年广东省人民政府令第 290 号）第 53 条。

数据归属国家所有，意在从国家对公共数据最终控制维度界分公共数据权属配置，在遵循社会主义公有制及公共资源配置模式的基础上推进公共数据权利交易和权利保护。其次，建构公共数据权利体系，公共数据权利体系是维护公共数据权利主体合法权益的制度基础，规范全面的公共数据权利体系有助于明确公共数据权利范围，厘清公共数据权利保护边界，为公共数据权利主体权益保护奠定基础。最后，明确公共数据授权开发协议民事合同的法律属性。公共数据授权开发协议的法律属性关涉公共数据市场化配置当事人的法律地位及其权益保护模式，从保护公共数据提供主体和数据利用主体合法权益、推动公共数据市场化配置规范展开维度出发，应当肯定公共数据授权开发协议民事合同的法律属性。以民事合同界定公共数据授权开发协议法律属性有助于在平等开发的基础上维护双方当事人合法权益。而且以民事合同界定公共数据授权开发合同法律属性具有现实基础，在建设用地使用权出让场合，越来越多的学者倾向认为建设用地使用权出让合同为民事合同。[1]

第二，保护数据利用主体的合法权益。数据利用主体是实施公共数据开发利用的核心力量，也是公共数据市场化配置及数据要素市场培育的重要推动者和参与者。在公共数据市场化配置语境下，数据利用主体的合法权益主要表现在如下维度：一方面，依法依约利用公共数据。依法依约使用公共数据是数据利用主体应当享有的基本权利，也是推动公共数据授权利用持续展开的基本保障。基于实现公共数据利用目的，数据利用主体应当能够及时获取所需数据资源，且所获取的公共数据应当符合可用性、准确性等基本属性。

---

〔1〕 参见崔建远：《行政合同族的边界及其确定根据》，载《环球法律评论》2017 年第 4 期。

另一方面,对基于公共数据开放利用形成的成果享有合法权益。肯定数据利用主体对其基于数据利用形成的数据产品享有合法权益,既是对劳动者合法劳动成果的尊重,也是贯彻契约精神和民事法律基本制度的现实需要。民法明确肯定民事主体对基于加工和添附等行为形成的成果享有合法权益。数据产品是数据利用主体对原始公共数据加工创新形成的劳动成果,对于数据产品提供保护符合劳动财产理论和创新激励理论的基本价值预设。[1] 保护数据利用主体的合法权益,既要肯定数据利用主体对数据产品享有合法权益,又要允许其依法交易数据产品并获取相应财产利益。[2]

第三,维护其他数据主体的合法权益。公共数据市场化配置应当时刻注重维护国家安全与利益、社会公共利益及其他数据主体的合法权益。[3] 对于其他数据主体合法权益的保护可以考虑从如下维度展开:一方面,在公共数据概念界定及权利行使时体现对其利益的尊重。在公共数据概念界定时明确公共数据在范围上不包括专属于自然人、法人及非法人组织的数据。[4] 在公共数据授权开发时明确要求公共数据提供主体和数据利用主体保护其他数据主体合法权益,禁止非法获取和利用涉及国家安全与利益、商业秘密及个人隐私的数据。[5] 另一方面,支持数据主体依法行使数据权

---

〔1〕 参见石丹:《企业数据财产权利的法律保护与制度构建》,载《电子知识产权》2019年第6期。

〔2〕 参见《浙江省公共数据开放与安全管理暂行办法》(2020年浙江省人民政府令第381号)第24条。

〔3〕 参见《浙江省公共数据开放与安全管理暂行办法》(2020年浙江省人民政府令第381号)第24条;《广东省公共数据管理办法》(2021年广东省人民政府令第290号)第35条。

〔4〕 有关公共数据不包括专属于自然人、法人及非法人组织数据的论述及相关理由将在下文作具体阐述,在此不作过多解释。

〔5〕 参见《浙江省公共数据开放与安全管理暂行办法》(2020年浙江省人民政府令第381号)第39、43条。

益。数据主体享有与其相关的数据或者证照的使用权，任何组织或者个人不得侵犯，数据主体可以授权第三方主体使用涉及其商业秘密、个人信息和隐私的敏感数据或者相应证照。[1]

五、数据安全原则

维护数据安全是公共数据市场化配置的基本要求和最终底线。公共数据市场化配置过程中的数据安全至少包括国家主权与安全、社会公共安全、企业数据安全及个人数据安全等维度。在公共数据市场化配置过程中贯彻数据安全原则，可以考虑从如下几个维度展开：

第一，公共数据提供主体应当严格保护数据安全。公共数据提供主体是数据安全的首要责任人，在公共数据授权开发过程中严格依法维护数据安全是其义不容辞的责任。因此其有必要在如下层面建构数据安全维护措施：首先，依法制作公共数据开放目录，将存在数据安全风险的数据排除在公共数据开放目录之外，同时对公共数据采取脱敏脱密处理，有效化解数据安全风险。其次，严格实施数据安全管控。对于数据利用主体的数据处理活动进行追踪和评估，确保数据利用行为符合数据安全法律及公共数据授权开发协议的基本要求。最后，严格数据安全责任。公共数据提供主体未落实数据安全义务应当承担相应的法律责任。

第二，数据利用主体应当注重维护数据安全。数据利用主体是数据使用方，其是数据利用安全全流程管理的重要参与者和责任人。为维护数据安全，数据利用主体应当依法依约履行如下义务：

---

〔1〕 参见《广东省公共数据管理办法》（2021 年广东省人民政府令第 290 号）第 39、41 条。

首先,依法依约处理公共数据,未经许可不得将获取的公共数据对外传播,不得基于获取国家安全与利益、商业秘密及个人隐私等目的非法进行数据挖掘;其次,及时反馈公共数据处理情况,做好数据利用和处理记录;再次,建构与数据安全需求相适应的数据安全制度,采取必要措施防止国家安全、商业秘密及个人隐私数据的泄露;[1]最后,依法承担数据安全责任。数据利用主体因数据处理行为不当引发数据安全风险的,应当承担相应的法律责任。

第三,数据开放平台应当密切关注数据安全。数据开放平台是数据流通的主要渠道,数据开放平台在维护数据安全方面发挥了重要作用。其在数据安全维护方面应当承担如下职责:首先,有效搭建数据安全管控技术体系,建构安全可信、管理可控、可追溯的数据交易环境;[2]其次,全面记录公共数据流转的真实情况,对数据开放平台上"数据的存储、传输、利用等环节建立透明化、可审计、可追溯的全过程管理机制";[3]最后,及时处理数据利用主体就数据安全提出的异议和告知。[4]

第三节 公共数据市场化配置法治保障的考量因素

公共数据市场化配置法治保障机制建构有必要从规范界定公

[1] 参见《广东省公共数据管理办法》(2021年广东省人民政府令第290号)第53条。

[2] 参见《广东省公共数据管理办法》(2021年广东省人民政府令第290号)第38条第2款。

[3] 参见《上海市公共数据开放暂行办法》(2019年上海市人民政府令第21号)第19条。

[4] 参见《上海市公共数据开放暂行办法》(2019年上海市人民政府令第21号)第22条。

共数据概念范畴、公共数据权利法律构造、公共数据交易实现机制、数据主体权益保障机制等维度展开，以此建构相对完整的公共数据市场化配置法治保障体系。

一、公共数据概念范畴的规范识别

识别公共数据概念范畴是公共数据市场化配置实施的前提条件，清晰厘定公共数据概念范畴能够为公共数据市场化配置设定明确的数据范围。在界定公共数据概念范畴时有必要明确公共数据的内涵与外延，及其与政府数据、政务数据等概念之间的关系。

（一）公共数据概念界定的制度价值

公共数据概念界定是公共数据市场化配置的基础和前提，规范界定公共数据概念范畴具有重要的理论意义和实践价值。

第一，规范界定公共数据概念范畴有助于明确公共数据市场化配置可提供的数据范围。公共数据市场化配置以公共数据充分供给为基础，因此要求能够对公共数据范围作出清晰识别和确定。公共管理和服务机构等政府部门在依法履行职责过程中收集和生成了海量数据，这些数据构成了其履行职责及推动数字政府建设的基础。如基于公共数据共享，公共管理和服务机构有效提高了自身参与公共管理和服务能力，推动服务型智慧型政府发展完善。公共数据共享主要涉及数据在政府部门内部流转，并不向市场主体提供数据，此时并不需要区分哪些是政府有权支配的数据，哪些是社会公众所有的数据。换言之，在公共数据共享的语境下，对于政府收集和生成的数据并不需要作出权属区分，即并无区分“你的数据”和“我的数据”的现实需要。但在公共数据市场化配置语境下，则必须厘清政府享有权利的数据范围。对于政府不享有权利的数据，如自然人的个人隐私数据,法人及非法人组织的商业秘密或知识产权信息等,公共管理和服务机构并非当然可以对之进行市场化开发利用,需要按照一定的机制对围绕公共数据产生的各类数据展开资源配置,而规范界定公共数据范围则是实现这一目标的必经途径。

第二,规范界定公共数据概念范畴能够为《民法典》规制公共数据提供理论准备。《民法典》对数据的法律规制作出有原则性规定,从而在法律层面肯定了数据权利的民法地位,为包括公共数据在内的数据权利的规范建构奠定了制度基础,也为公共数据市场化配置提供了法律保障。《民法典》规制公共数据要以规范界定公共数据概念范畴为基础。清晰厘定公共数据与个人数据、企业数据等数据类型的关系,能够在《民法典》框架内规范确定公共数据权利的基本范畴,为《民法典》规制公共数据及推动公共数据授权利用提供法律支撑。

第三,规范界定公共数据概念范畴界定能够为公共数据权利归属确定提供理论支撑。公共数据由公共管理和服务机构收集或者生成,根据劳动财产理论的基本观点,公共管理和服务机构对于公共数据的收集或者生成付出了劳动,因此应当对公共数据享有合法权益。[1] 清晰界定公共数据范围能够从理论及实践层面证成公共管理和服务机构可以享有权利的数据范围,从而为公共数据市场化配置规范的展开奠定基础。

(二)公共数据概念界定的考量因素

第一,厘定公共数据内涵。从现有实践看,公共数据概念界定

---

〔1〕 更多有关从劳动财产理论维度证成公共数据归属公共管理和服务机构合理性的论述,参见赵加兵:《公共数据归属政府的合理性及法律意义》,载《河南财经政法大学学报》2021年第1期。

主要从“主体”和“行为”两个层面展开。从主体层面看，由公共管理和服务机构收集和生成的数据才能构成公共数据。[1] 根据现有数据立法的基本规定，公共管理和服务机构包括国家机关、依法行使公共管理和服务职责的事业单位，提供公共服务的企业等。从行为层面看，公共数据收集主体在依法履行公共管理和服务职责时形成的数据构成公共数据，由此将公共管理和服务机构单纯实施的消费行为，如政府采购行为，所形成的数据排除在公共数据范畴之外。

第二，廓清公共数据外延。通过对比公共数据与个人数据、企业数据及司法数据的关系，可以相对清晰地厘定公共数据与这些数据的区别，进而识别出公共数据的范围和边界。所谓个人数据，是指已识别到的或被识别的自然人的所有信息。[2] 这些数据或是由国家机关或者其他主体提供，如身份证号及各种账号；或是基于个人行为产生，如购物数据及位置数据等。[3] 所谓企业数据，是指由企业实际控制和使用的数据，其既包括国家提供的数据，如营业执照等，也包括企业自身活动产生的数据，如财务数据、运营数据等商业数据，还包括企业合法收集、利用的用户数据。[4] 所谓司法数据，是指司法机关在司法活动中采集的各种数据。[5] 这里的司法机关包括但不限于公安机关、检察院、法院、司法行政管理机关、政法机关及国家安全机关等。公共数据与个人数据、企业数据及司法

---

〔1〕 公共管理和服务机构通过第三方机构采集数据的，这些数据也应被归入公共数据范畴。参见《政务信息资源共享管理暂行办法》（国发〔2016〕51 号）第 2 条。

〔2〕 参见劳东燕：《个人数据的刑法保护模式》，载《比较法研究》2020 年第 5 期。

〔3〕 参见李延舜：《位置何以成为隐私？——大数据时代位置信息的法律保护》，载《法律科学（西北政法大学学报）》2021 年第 2 期。

〔4〕 参见石丹：《企业数据财产权利的法律保护与制度构建》，载《电子知识产权》2019 年第 6 期。

〔5〕 参见杨建军：《司法数据公开及其程序规制》，载《广东社会科学》2019 年第 6 期。

数据等在利用方面均具有非竞争性和非排他性,但其在数据内容、数据类型、数据收集主体及数据来源等方面存在明显区别。[1] 通过厘定公共数据与其他数据类型的关系,能够进一步凸显公共数据独立的制度价值。

第三,明确公共数据与政府数据及政务数据关系。所谓政府数据,是指行政机关在依法履行职责过程中制作或者获取的,以一定形式记录、保存的各类数据,包括行政机关直接或者通过第三方依法采集、管理和因履行职责需要依托政府信息系统形成的数据。[2] 所谓政务数据,是指国家机关和法律、法规授权的具有管理公共事务职能的组织(以下称政务部门)为履行法定职责收集、制作的数据。[3] 对比可知,公共数据的范围远大于政府数据或者政务数据。政府数据的控制主体是行政机关,不包括法律、法规授权具有管理公共事务职能的组织,[4] 也不包括提供供水、供电、供气、通信、文旅、体育、环境保护、交通运输等公共服务的企业。[5] 而政务数据的控制主体是政务部门,其包括但不限于行政机关、法律法规授权的具有管理公共事务职能的组织等,但不包括提供公共服务的企业。而公共数据的数据主体既包括政务部门也包括提供公共服务

〔1〕 相关内容将在下文作详细阐述,在此不作过多解释。

〔2〕 参见《贵州省政府数据共享开放条例》(2020 年 9 月 25 日贵州省第十三届人民代表大会常务委员会第十九次会议通过)第 3 条第 1 款。

〔3〕 参见《重庆市数据条例》(2022 年 3 月 30 日重庆市第五届人民代表大会常务委员会第三十三次会议通过)第 3 条第 4 款。

〔4〕 贵州省数据共享开放条例在附则中规定,法律、法规授权具有公共事务管理职能的组织的数据共享开放,可以直接适用数据共享开放条例。由此可以看出,其在立法时对行政机关,法律、法规授权具有公共事务管理职能的组织作出了明确区分。参见《贵州省政府数据共享开放条例》(2020 年 9 月 25 日贵州省第十三届人民代表大会常务委员会第十九次会议通过)第 43 条。

〔5〕 参见《重庆市数据条例》(2022 年 3 月 30 日重庆市第五届人民代表大会常务委员会第三十三次会议通过)第 3 条第 5 款。

的企业。[1] 就推动公共数据开发利用的角度而言，将公共管理和服务机构提供数据范围限定为公共数据，并以市场化配置方式展开公共数据利用，有助于最大限度地满足市场主体的数据利用需求，释放公共数据的经济社会价值。

二、公共数据权利的法律构造

诚如前文所言，清晰明确的权利归属和有序的产权保护是推动资源要素开发利用的基本保障。在公共数据市场化配置过程中，有必要从理论层面明确公共数据的权利归属主体，公共数据权利内容，进而从民法角度建构较为完善的公共数据权利构造。公共数据权利建构可以从权利归属、权利内容及权利客体等维度展开，以此将公共数据权利与其他数据权利及其他民事权利区别开来。[2]

（一）公共数据的权利归属

公共数据的权利归属是推动公共数据授权利用的基本保障，从权属配置角度厘定公共数据的权利主体或者支配主体，能够较为全面地阐明公共数据权利的边界及公共数据开发利用的主导者，为公共数据交易关系稳固及各方主体权益保护奠定基础。公共数据由公共管理和服务机构收集和生成，基于劳动财产理论的基本观点，有必要赋予公共管理和服务机构相应的合法权益。而且公共管理和服务机构对公共数据的控制和占有构成了事实上的合法占有，出

[1] 参见《上海市数据条例》（2021 年 11 月 25 日上海市第十五届人民代表大会常务委员会第三十七次会议通过）第 2 条第 4 款。

[2] 鉴于公共数据与个人数据、企业数据间具有明显差异，由此可知，公共数据权利是不同于个人数据权利、企业数据权利的独立的数据权利范畴。限于本书研究重点，本书在此不对公共数据权利与个人数据权利、企业数据权利的关系作更多解释。但会对公共数据与其他民事权利客体，公共数据权利与其他民事权利间的关系作以分析介绍，详见下文论述。

于维护社会关系稳定和保护交易安全的考量，也有必要赋予公共管理和服务机构以公共数据支配权。因我国现行法律并未就公共数据权利归属作出清晰界定，因此从理论层面证成公共数据归属国家所有，由政府代表国家行使公共数据权利，便成为推动公共数据权属配置规范建构展开的重要环节。

（二）公共数据的权利客体

权利客体是将不同权利区分开的重要标准，其描述的是权利和义务所指向、影响和作用的对象，权利客体必须具有客观性、有用性和可控性等基本特征。[1] 公共数据的权利客体同样需要遵循这一基本原则。整体而言，公共数据与企业数据等数据类型在表现形式上并无本质差异，都是对信息的记录。因此，在讨论公共数据权利客体时，可以将其置于数据权利客体语境之下，以此呈现数据权利客体的全貌。对于数据权利客体，现有理论并未达成共识，在“数据”“信息”“数据符号”“数据集合”等观点间来回摇摆。从理论层面厘清数据权利客体的具体范畴，平息围绕公共数据权利客体形成的一系列争论，既是完善公共数据权利体系建构的基础，也是推动公共数据市场化配置规范展开的必要保障。

（三）公共数据的权利内容

公共数据权利内容所欲体现的是，作为权利主体的公共管理和服务机构能够在何种维度和层次对公共数据施加控制，并可基于合法控制获取相应的权益。从推动公共数据市场化配置及维护法秩序统一性的角度出发，有必要考虑从民法角度确定公共数据权利的基本内容。此时需要回答如下基本问题：一是公共数据权利的法律

---

〔1〕 参见张文显：《法理学》（第 5 版），高等教育出版社 2018 年版，第 157 ~ 158 页。

属性,即公共数据权利是何种性质的权利,其是所有权还是其他类型的权利?二是公共数据权利主要包括哪些权项?从其运作实践看,公共数据权利包括占有、使用和收益等权能。但其是否能够像所有权那样具有处分权能,以及为了维护数据安全而具有管控权能呢?对于这些问题,现有理论尚未给出明确回答,但数据立法实践已然肯定了公共数据权利的管控权能,并作出了必要的制度安排。[1] 如何从理论层面明确公共数据权利的民事权利属性,并基于公共数据的基本特点建构公共数据权利内容体系,既是促进公共数据权利体系发展完善的现实需要,也是推动公共数据利用与保护的必然选择。

三、公共数据交易实现机制

公共数据交易实现机制是推动公共数据市场化配置实现的基本制度安排,规范合理地设置公共数据市场化配置交易实现机制对于推动公共数据授权利用有序展开,释放公共数据经济社会价值具有重要意义。在公共数据市场化配置交易实现机制建构需要重点关注如下议题。

(一)公共数据市场化配置的交易主体

合格的自主决策交易主体是公共数据市场化配置的主要推动力量。根据现行政策及法规的基本规定可知,公共数据的提供主体是公共管理和服务机构。公共数据利用主体是符合条件的市场主体。在公共数据市场化配置规范展开的过程中,从理论及实践层面论证由公共管理和服务机构主导实施公共数据市场化配置的合理

---

〔1〕 参见《上海市公共数据开放暂行办法》(2019 年上海市人民政府令第 21 号)第 27 条。

性,并从理论层面设置切实可行的公共数据利用主体市场准入标准,已成为推动公共数据市场化配置交易主体制度建构的核心内容。

（二）公共数据市场化配置的交易标的

公共数据市场化配置的交易标的强调的是,在公共数据市场化配置语境下,可以流转的对象范围。在公共数据市场化配置过程中,对于交易对象主要形成了“数据”“数据所有权”“数据使用权”等观点。公共数据市场化配置交易标的的确定,需要结合公共数据自身的特殊性作出恰当选择。公共数据归属全民所有,由政府代表国家代为行使数据权利。政府可以对公共数据行使使用权,但其对公共数据的处分权应受到一定程度的限制。因此以“数据所有权”为基础建构公共数据市场化配置交易对象机制不符合公共数据利用的现实需要。市场交易实质上是对产权的交易,[1]以“数据”作为交易对象,本质上是对数据产权的处分,因此公共数据市场化配置不会也不可能以数据作为交易标的。根据国家最新政策精神,结合公共数据利用实践,可以认为公共数据市场化配置的交易标的应被限定为“数据使用权”。[2] 从微观层面论证数据使用权作为公共数据市场化配置交易标的的合理性,是本书需要重视的关键内容。

（三）公共数据市场化配置的交易合同

交易合同是实现要素市场化配置的基本保障,规范界定公共数据市场化配置交易合同性质及其类型,既能够有效释放公共数据的生产要素价值,也有助于维护交易各方的正当权益。公共数据交易

---

〔1〕 参见洪银兴:《实现要素市场化配置的改革》,载《经济学家》2020 年第 2 期。

〔2〕 “数据二十条”支持建立以数据使用权为基础的数据交易模式。参见《中共中央、国务院关于构建数据基础制度更好发挥数据要素作用的意见》(2022 年 12 月 2 日)。

合同界定主要包括两个维度：一是公共数据交易合同性质界定。就公共数据交易合同性质，主要形成了行政协议和民事合同两种观点。以行政协议界定公共数据市场化配置交易合同法律属性，主要考虑的是公共管理和服务机构的性质定位，而公共数据是其在依法履行职责过程中收集和生成的数据，而且公共数据开放也在按照行政协议方式展开。而以民事合同界定公共数据交易合同的法律属性，主要考虑的是要素市场配置的内在需求。以民事合同为基础推动市场主体平等自愿地推进要素利用更符合要素市场化配置的实际需要。[1] 对比可知，以民事合同为基础推动公共数据市场化配置更符合公共数据开发利用的基本趋势，也更有助于释放公共数据要素价值。而本书需要从理论层面规范证成以民事合同推进公共数据市场化配置的合理性。二是公共数据交易的基本方式。与有体物等交易标的不同，公共数据具有利用的非竞争性和非排他性，众多市场主体可以基于不同需求同时利用相同类型和数量的公共数据。鉴于此，在公共数据市场化配置过程中，沿用规制利用具有竞争性标的的合同模型可能无法达至预期效果，严重限制社会公众获取公共数据需求的有效实现。根据公共数据利用的非竞争性特点，结合公共数据市场化配置的价值目标，选择恰当的公共数据交易合同，将成为公共数据市场化配置交易合同机制建构必须回答的重要议题。

（四）公共数据市场化配置交易价格生成机制

价格机制是最能够反映资源市场化配置效率的指标之一。理想的市场交易，交易标的的价格应当由价值决定，并受到市场供求

---

〔1〕 参见顾华详：《论〈中华人民共和国民法典〉对市场经济健康发展的保障作用》，载《西华师范大学学报（哲学社会科学版）》2021 年第 5 期。

关系的影响。换言之,要素自身的价值和充分的市场竞争的共同作用决定商品价格。公共数据在社会数据资源总量中所占比重较大,与其他数据相比,公共数据的质量更高,[1]具有较高的开发利用价值。从静态对比角度来说,公共数据的自身价值较一般的企业数据更具比较优势。此外,公共数据的开发利用实践表明,其具有广阔的市场需求,充分的市场竞争在公共数据市场化配置时具有更高的可行性。因此,公共数据市场化配置具备按照市场机制生成交易价格的现实条件。但公共数据的公共资源性质定位决定了公共数据市场化配置难以完全按照市场机制形成交易价格,需要结合公共数据自身性质定位、公共管理和服务机构的法律属性等因素形成政府指导定价、市场形成交易价格的价格生成机制。而从理论层面证成这一价格生成机制的合理性,则是本书需要回答的基本议题。

四、数据主体权益保障机制

公共数据市场化配置过程中至少涉及公共数据提供主体、数据利用主体及其他数据主体的利益。公共数据市场化配置相关制度建构需要兼顾三方主体的合法权益,以实现利归其主,确保各方主体均可从公共数据市场化配置中获得应有收益。

(一)公共数据提供主体的利益保障机制

公共数据提供主体,即公共管理和服务机构,代表国家实施公共数据资源配置和开发利用,其在实质上构成公共数据市场供给的唯一主体,也是公共数据市场化配置的核心推动力量。在公共数据

---

[1] 参见常江、张震:《论公共数据授权运营的特点、性质及法律规制》,载《法治研究》2022年第2期。

市场化配置过程中必须优先保障公共数据提供主体的正当权益。本书从规范界定公共数据概念范畴、厘定公共数据权利法律构造、明确公共数据交易实现机制等维度为公共数据提供主体合法权益维护建构起较为完善的制度方案。因此下文不再对公共数据提供主体权益保障机制作单独论述。

(二)数据利用主体的利益保障机制

数据利用主体是公共数据开发利用的实施主体,其为公共数据开发利用投入了大量的人力、物力、财力及时间成本,肯定数据利用主体在公共数据开发利用中所获取的正当权益,对于推动公共数据市场化配置规范展开具有积极意义。数据利用主体合法权益的维护需要关注如下维度:一是建立公开公平公正的市场准入机制。确保所有符合条件的市场主体均可平等获得开发利用公共数据机会。二是肯定数据利用主体对因公共数据开发利用形成的数据产品享有合法权益。这些数据产品与原始公共数据具有本质差异,其是数据利用主体基于加工、合成等数据处理活动形成的劳动成果。法律有必要对这些利益予以肯定和保护,肯定其产权地位,支持数据利用主体将之投入数据要素市场进行交易。三是明确数据利用主体的市场退出机制。在数据利用主体因违法违约利用公共数据时,其可能给公共数据提供主体如自然人、法人及非法人组织等合法权益,以及数据安全造成严重损害。因此有必要建构完善的数据利用主体退出机制,以此限制相关主体的数据获取和利用能力,维护良好的数据要素市场竞争秩序和发展环境。为确保论证严谨性,本书将限制数据利用主体数据获取和利用能力作为数据利用主体信用惩戒机制建构的核心内容,并置于维护自然人、法人及非法人组织合法权益的语境下展开探讨。

（三）数据主体的权益保障机制

自然人、法人及非法人组织是公共数据的重要供给主体，这些主体基于参与公共管理或获取公共服务提供了相应数据，而这些数据可能是其控制的重要资产。随着国家对数据基础制度建设力度的不断加大，鼓励个人数据交易已成为未来发展的重要方向。因此保障自然人、法人及非法人组织等主体的合法权益，确保其能够从数据要素市场化配置中获得相应收益，是数据要素市场建构需要关注的核心议题。因此在制度建构层面需要回答如下话题：一是自然人、法人及非法人组织的数据权属配置关系。即从消极层面将这些主体享有权益的数据从公共数据资源池中有效分离出来，彰显该类数据独立的权利客体地位。以此限制公共管理和服务机构滥用权利损及自然人、法人及非法人组织的合法数据权益。二是厘定自然人、法人及非法人控制数据的交易边界。即从理论及制度层面明确哪些个人数据可以交易、哪些个人数据限制交易及哪些个人数据不能交易。[1] 进而从积极层面为自然人、法人及非法人组织的数据交易提供理论基础及制度保障。三是建构自然人、法人及非法人组织的数据安全保障机制。在公共数据市场化配置过程中，有必要建构规范的制度安全，阻止和惩治公共数据提供主体、数据利用主体的不当数据利用行为，确保公共数据授权利用不会侵害个人隐私、企业商业秘密及知识产权等合法权益。

需要说明的是，鉴于本书研究重点是公共数据市场化配置，因此对于个人数据权利归属与市场交易、企业数据保护和交易，以及

---

〔1〕 鉴于法人及非法人组织对其享有合法权益的数据展开交易，本就是数据要素市场培育的基本实现方式，因此本书主要从个人数据交易及权益保护等维度建构数据控制主体利益保护实现方案。但在数据安全保障层面，仍会全面关照到自然人、法人及非法人组织的正当权益。

基于公共数据利用形成的数据产品的利用与保护等议题,下文不再作详细阐述。而下文将重点回答在公共数据市场化配置过程中,应当如何保障公共数据提供主体的合法权益、其他数据主体的合法权益。

第三章　公共数据市场化配置法治保障机制建构的局限性

现有研究在公共数据市场化配置法治保障机制方面已经展开制度安排,并取得了一些制度成果。但与公共数据市场化配置健康发展的现实需求间尚存在较大差距,亟待完善。公共数据市场化配置法治保障机制存在的局限性主要表现为公共数据概念界定不合理、公共数据权利法律构造不完善、公共数据交易实现机制不规范、其他数据主体权益保障机制不全面。对公共数据市场化配置法治保障机制存在局限性的省思,有助于尽早建成完善的公共数据市场化配置法治保障机制,推动公共数据市场配置的有效实现。

第一节　公共数据概念界定的局限性

现有研究已经对公共数据概念界定作出制度尝试,但相关制度方案尚未关照到其他数据主体的数据权益,存在明显的制度漏洞,影响公共数据授权市场化配置的规范展开。对现行公共数据概念界定方案的局限性的深入检视,有助于建构更为合理的公共数据概念范畴。

一、公共数据概念界定现有规制实践检视

对于公共数据概念,理论界及实务界均已展开探讨,在概念界定时尝试明确公共数据的法律性质及权利归属。如有学者认为,公共数据是政府或者具有准公共职能的机构在行使有明确授权的公共职能过程中自行获取的及政府部门委托授权特定私营部门或者个体行使特定公共职能过程中收集的数据。[1] 公共数据归属全民共同所有。[2] 也有学者认为,公共数据是指社会成员在公共空间的行为数据、各类可社会化和经济化的公共数据、政府及非营利性机构产生的已公开数据。[3] 公共数据属于公共产品,可为社会公众自由利用。[4]

实务界在界定公共数据概念时多以国务院预设的观点为基础展开,将公共数据界定为政务部门在履行职责过程中制作或获取的,以一定形式记录、保存的文件、资料、图表和数据等各类数据资源,包括政务部门直接或通过第三方依法采集的、依法授权管理的和因履行职责需要依托政务信息系统形成的数据资源等。[5] "数

---

〔1〕 参见胡凌:《论地方立法中公共数据开放的法律性质》,载《地方立法研究》2019 年第 3 期。

〔2〕 参见胡凌:《论地方立法中公共数据开放的法律性质》,载《地方立法研究》2019 年第 3 期。

〔3〕 参见李扬、李晓宇:《大数据时代企业数据边界的界定与澄清——兼谈不同类型数据之间的分野与勾连》,载《福建论坛(人文社会科学版)》2019 年第 11 期。

〔4〕 参见李扬、李晓宇:《大数据时代企业数据边界的界定与澄清——兼谈不同类型数据之间的分野与勾连》,载《福建论坛(人文社会科学版)》2019 年第 11 期。

〔5〕 参见《政务信息资源共享管理暂行办法》(国发〔2016〕51 号)第 2 条。

据二十条”对公共数据范围也作出了原则性规定，其将公共数据界定为各级党政机关、企事业单位依法履职或提供公共服务过程中产生的公共数据。[1] 在具体实施层面，各地对公共数据概念界定采取的方案又有所差异：有的数据立法以概括模式展开，认为公共数据是各级行政机关以及履行公共管理和服务职能的事业单位在依法履职过程中采集和产生的各类数据。[2] 有的数据立法实践以“概括＋列举模式”展开，将公共数据界定为各级人民政府和有关部门，法律法规授权履行公共事务管理职能的组织，财政性资金保障的其他机关和单位为履行职责制作或者获取的政务数据，以及与人民群众利益密切联系的教育、卫生健康、供水、供电、供气、供热、环境保护及公共交通等领域公用企事业单位制作或者收集的公用数据。[3] 在公共数据性质及权属方面，各地规定略有差异。有的数据立法将公共数据界定新型公共资源。[4] 有的数据立法规定公共数据归属国家所有，[5] 还有的规制实践不仅明确公共数据归国家所有，还明确规定国家对公共数据享有所有权，政务部门对政务数据享有采集权、管理权、使用权。[6]

现有实践对公共数据概念界定提出的制度方案具有一定合理

---

〔1〕 参见《中共中央、国务院关于构建数据基础制度更好发挥数据要素作用的意见》(2022 年 12 月 2 日)。

〔2〕 参见《上海市公共数据开放暂行办法》(2019 年上海市人民政府令第 21 号)第 3 条。

〔3〕 参见《安徽省大数据发展条例》(2021 年 3 月 26 日安徽省第十三届人民代表大会常务委员会第二十六次会议通过)第 48 条。

〔4〕 广东省对公共数据归属的认知存在一定变化。2018 年出台的《广东省政务数据资源共享管理办法(试行)》(粤府办〔2018〕50 号)第 4 条明确规定公共数据所有权归政府所有。2020 年的《广东省公共数据管理办法》(2021 年广东省人民政府令第 290 号)第 4 条不再正面界定公共数据权利归属，而是规定公共数据是新型公共资源，任何单位或者个人不得将公共数据视为私有财产。

〔5〕 参见《福建省政务数据管理办法》(2016 年福建省人民政府令第 178 号)第 3 条。

〔6〕 参见《西安市政务数据资源共享管理办法》(市政发〔2018〕47 号)第 6、7、8 条。

性。首先,其界定了公共数据的来源场景。公共数据来源于公共管理和服务机构履行公共管理和服务活动,换言之,唯有公共管理和服务机构依据职责履行公务活动形成的数据才是公共数据。其次,其明确了公共数据的收集主体。公共数据的收集主体是公共管理和服务机构,实践中也可依法委托第三方实施数据收集活动。[1]最后,其明确了公共数据的范围。公共数据仅限于公共管理和服务机构在履行公共管理和服务职责过程中收集和生成的数据,其在履行公共管理与服务职责之外获取的数据不能构成公共数据。

现有方案对公共数据概念界定及权属配置展开的制度探索具有某些启发意义。一方面,其肯定了公共数据产权配置的必要性。对公共数据权属展开规范探讨是公共数据开发利用的基础条件,公共数据开发利用主要以授权许可方式展开,而公共数据授权开发要以清晰界定公共数据权属为基础。另一方面,其认可了公共管理和服务机构作为公共数据权利主体的合理性。从现有实践看,多数规制方案肯定了公共数据国家所有的基本定位,并明确了政府的公共数据权利主体地位。

二、现有公共数据概念界定的局限性

现有公共数据概念界定的局限性主要表现在如下几个层面:

第一,现有研究界定公共数据范围时缺乏对数据权利归属的应有关注。一项主观权利的产生要求权利客体确定且界限清晰,只有权利主体能够确定地排除他人对标的物的利用且能够以自己意愿支配标的物,其才对该标的物享有主观权利。[2] 就数据这类客体

---

[1] 参见《政务信息资源共享管理暂行办法》(国发〔2016〕51 号)第 2 条。

[2] 参见于飞:《侵权法中权利与利益的区分方法》,载《法学研究》2011 年第 4 期。

而言,数据权利产生的基础是权利主体能够有效地将“你的数据”与“我的数据”区别开来,从而在不同主体间明确各自权利义务关系。而现有公共数据概念界定方案难以实现这一目标。政府在公共管理和服务过程中收集和生成了海量数据,对于这些数据,政府能否享有全部权利,换言之,作为被管理或者服务对象的自然人、法人或者非法人组织是否因接受相应的公共管理和服务而丧失对自己数据或者财产的控制呢?当然不会!原本专属于自然人、法人或者非法人组织的数据,仍应归属这些主体,否则将导致产权归属混乱,引发社会动荡。如对于识别身份的个人数据,由特定自然人或者法人享有著作权的作品、享有专利权的技术方案,以及采取技术措施保护的商业秘密等,即便政府在公共管理和服务过程中收集了这些数据,也难以对之享有相应权利,仍应由特定主体享有专有权。因此在公共数据范围界定时应对专属于自然人、法人或者非法人组织的数据权属作出明确界定,以厘清不同主体对政府收集和生成的数据享有的权利范围。

在数据收集时,政府要求自然人、法人或者非法人组织授权政府利用这些数据可否有效避免权属争议呢?换言之,政府可否通过事先授权方式确保其可对收集和生成的数据展开授权许可呢?笔者认为这种方案难以实现预定目标,自然人、法人或者非法人组织不仅享有禁止他人未经许可利用这些数据的权利,也享有利用这些数据获取经济回报的权利。如果政府以事先许可方式取得授权,则其又如何与自然人、法人或者非法人组织商议许可费支付价款及标准呢?即便政府能够支付许可费,其支付的许可费能否与市场定价相匹配呢?如果低于市场确定的许可费,则将导致自然人、法人或者非法人组织权益受到损害。因此比较合适的方案是将专属于自然人、法人或者非法人组织的数据排除在公共数据范围之外。[1]但从推动公共数据授权利用规范展开的角度看，可以考虑在明确公共数据权属边界的基础上，建构自然人、法人及非法人组织等数据主体的数据资源概括授权机制，授权公共管理和服务机构代为开发利用其他数据主体已经提供的数据资源，并通过公共数据市场化配置收益补偿机制方式满足自然人、法人及非法人组织的数据权益保护需求。

第二，现有研究未准确界定公共数据的法律性质。无论是将公共数据的法律属性界定为公共产品、公共资产、信息资源还是国有资产，均不能准确界定公共数据的法律属性。将公共数据认定为公共产品而为社会公众自由利用，虽有助于推动公共数据的充分利用，实现数据开发利用目标，却有违“根据数据性质完善产权性质”的发展方向，有可能导致公共管理和服务机构丧失对公共数据的控制，背离维护公共数据安全的基本目标。[2]将公共数据界定为信息资源，混淆了数据与信息的关系，数据既可指向内容层的信息也可指向符号层的数据符号，[3]单纯将公共数据概括为信息资源，难言严谨周延。将公共数据界定为新型公共资源，虽看到了公共数据的公共属性及其利用非竞争性特征，但该性质界定与理论界通常认识有所出入，而且其作为新概念的合理性尚未得到有效证成。而将公共数据界定为国有资产，虽看到了公共数据归属国家所有的本

---

〔1〕 某些涉及商业秘密、个人隐私的公共数据不开放将会对公共利益造成重大影响的，公共数据开放主体可以将其列为无条件开放类或者受限开放类公共数据。参见《浙江省公共数据开放与安全管理暂行办法》（2020 年浙江省人民政府令第 381 号）第 14 条第 3 款。

〔2〕 参见《中华人民共和国数据安全法》（2021 年 6 月 10 日第十三届全国人民代表大会常务委员会第二十九次会议通过）第 39 条。

〔3〕 参见纪海龙：《数据的私法定位与保护》，载《法学研究》2018 年第 6 期。

质，却并未从理论层面阐述其作为国有资产的合理性。笔者认为，应将公共数据法律属性界定为公共资源。有关公共数据公共资源法律属性的合理性，笔者已在相关论文中作出详细探讨，在此不作过多解释。[1]

第三，现有公共数据概念界定方案无法推动公共数据权属配置方案落地。现有公共数据概念界定方案并未明确政府收集和生成的数据中，哪些是由自然人、法人或者非法人组织享有专有权的数据，哪些是政府可以主张权利的数据。在此情况下，仅通过立法或者规范性文件明确政府对公共数据享有权利，既难以在理论层面证成其合理性，也有违法治政府建设的基本要求。

第二节　公共数据权利法律构造的局限性

公共数据权利法律构造研究的核心是，在公共数据市场化配置过程中应当如何建构契合公共数据市场化配置的公共数据权利体系。对于公共数据权利法律构造，理论界及实务界已经展开一定探索并形成了一些成果。但现有研究尚未形成体系，具体表现为公共数据权利归属不明确、公共数据权利客体不精当、公共数据权利属性界定不合理及公共数据权利内容不全面。对现有研究存在局限性的概括和反思，能够为公共数据权利体系建构奠定理论基础。

---

〔1〕参见赵加兵：《公共数据归属政府的合理性及法律意义》，载《河南财经政法大学学报》2021年第1期。

一、公共数据权利归属不明确

对于公共数据权利归属，现有实践并未形成统一认知，对公共数据现有规制实践展开系统反思，有助于推动公共数据权利归属规则体系的规范建构。

（一）公共数据权利归属现有规制实践检视

在界定公共数据权属时，现有实践主要采取如下进路：一是回避公共数据权属配置议题。如上海市在公共数据立法时并未界定公共数据权属关系，仅规定公共数据提供主体的具体范围。[1] 浙江省在公共数据立法时也采取同样进路，在不明确公共数据提供主体是否对公共数据享有权益的情况下，要求公共数据提供主体做好本部门公共数据开放、利用及安全管理等相关工作。[2] 二是明确规定公共数据归属国家所有。如福建省在公共数据立法时指出，政务数据属于国家所有，纳入国有资产管理。[3] 重庆市在公共数据立法时也采取类似模式。[4] 西安市在公共数据权属界定时既界分了公共数据权属又明确了公共数据权利内容。政务数据资源权利包括所有权、管理权、采集权、使用权和收益权。政务数据资源所有权归国家，属于国有资产管理范畴，政务部门依据法定职能对相关政务数据资源享有采集权、管理权、使用权。[5] 三是明确规定公共数据归属政府所有。如河北省在政务信息管理立法时规定政务信

---

〔1〕 参见《上海市公共数据开放暂行办法》(2019 年上海市人民政府令第 21 号)第 9 条。

〔2〕 参见《浙江省公共数据开放与安全管理暂行办法》(2020 年浙江省人民政府令第 381 号)第 4 条第 3 款。

〔3〕 参见《福建省政务数据管理办法》(2016 年福建省人民政府令第 178 号)第 3 条。

〔4〕 参见《重庆市政务数据资源管理暂行办法》(2019 年重庆市人民政府令第 328 号)第 4 条。

〔5〕 参见《西安市政务数据资源共享管理办法》(市政发〔2018〕47 号)第 6、7、8 条。

息资源归政府所有。[1] 广东省在相关规范性文件中明确指出政务数据所有权归政府所有。[2]

归纳可知,现有公共数据权属界定呈现如下特点:

第一,对公共数据法律属性尚未形成统一认识。现有实践倾向将公共数据界定为国家所有的资源。无论是将公共数据视为国有资产还是将之界定为国家所有的新型公共资源,[3]本质上都是将公共数据视为国家所有的资源。

第二,对公共数据归属尚有较大争议。将公共数据归属国家所有抑或归属政府所有都有实践及理论支撑。多数规制实践倾向认为公共数据应归属国家所有。即便如此,现有规制实践依然认为政府对公共数据拥有支配权并享有相应权益。如福建省在政务数据立法时明确规定政务数据利用参照国有资产运作模式展开,数据管理机构对授权开发类数据应采取公开招标等竞争性方式确定授权开发对象,[4]以此认可政府对公共数据享有支配权利。

第三,尝试对公共数据权利内容展开规范建构。如西安市在规制政务数据时规定政务数据权利包括所有权、管理权、采集权、使用权和收益权。从其条文内容看,公共数据所有权归国家所有,政府对公共数据享有采集权、管理权、使用权。从其制度设计看,现有规制实践倾向从公共管理角度对公共数据权利展开制度建构。

(二)公共数据权利归属规制实践省思

梳理现有公共数据权属界定实践可知,其并未在理论及实践层面对公共数据权利归属形成统一认知。造成公共数据权利归属规

---

〔1〕 参见《河北省政务信息资源共享管理规定实施细则》(2019)第4条第2款。

〔2〕 参见《广东省政务数据资源共享管理办法(试行)》(粤府办〔2018〕50号)第4条。

〔3〕 参见《广东省公共数据管理办法》(2021年广东省人民政府令第290条)第4条。

〔4〕 参见《福建省政务数据管理办法》(2016年福建省人民政府令第178号)第33条。

制失范的原因具有多重性,宪法及法律层面公共数据权属界定的制度缺失,公共数据权利理论供给不足及公共数据权属配置方案观察视角差异是引发公共数据权属配置争议的主要原因。

第一,公共数据权属界定法律基础缺失。多数公共数据规制实践均尝试为公共数据权属界定创设制度方案,但这种规制实践更似是公共数据权属界定立法试点,缺乏国家层面的上位法支撑。政策层面的方向性要求虽能在一定程度上缓解公共数据权属界定依据不足的困境,却难以从根本上解决公共数据权属界定上位法缺失的制度障碍。这也是引发公共数据权属界定争议及权利设定不规范的主要原因。

无论是《宪法》还是《民法典》都难以有效回应公共数据权属界定议题。我国《宪法》将规制重点聚焦于自然资源及土地等公共资源,设置专条明确其国家所有属性。[1] 这一制度设计虽能为公共数据宪法规制提供参考借鉴,却无法缓解当前宪法回应公共数据权属界定制度供给不足的弊病。公共数据与自然资源及土地在表现形态及利用模式方面存在明显差异,因此难以将公共数据纳入自然资源或者土地等规制范畴。一方面,公共数据与自然资源及土地等虽同属于有体物,但公共数据多以数字形态呈现,无法以视觉形式直观感知与丈量,需要借助技术手段识别与确认。[2] 而且公共数据总量具有不确定性,难以精确划定其物理边界,而自然资源及土地等的边界相对容易识别,也易于测量和确定。另一方面,公共数据利用具有非竞争性与非排他性,社会公众的利用行为互不影响互

〔1〕 参见《中华人民共和国宪法》(根据2018年3月11日第十三届全国人民代表大会第一次会议通过的《中华人民共和国宪法修正案》修正)第9、10条。

〔2〕 参见纪海龙:《数据的私法定位与保护》,载《法学研究》2018年第6期。

不干涉,利用主体的增多既不会增加公共数据利用成本也不会降低既有社会公众的利用效用。[1] 而自然资源及土地等的利用具有明显的竞争性与排他性,这也是此类资源利用主要以招标、拍卖等竞争性方式实现的主要原因。[2]

《民法典》认可数据权利的民事权利地位并为数据提供保护,[3]由此为《民法典》规制数据权利奠定了法律基础。但《民法典》对于数据权利的法律性质、权利主体、权利客体、权利内容及权利保护等基本问题并未作出正面回答,由此导致数据权利归属及权利建构面临诸多制度障碍。在《民法典》未为数据权属及权利内容等设置明确制度安排的情况下,可否套用物权、知识产权等民事权利规制公共数据呢?笔者认为这些制度虽能为公共数据权属确定及权利体系建构提供参考借鉴,却难以满足数据权利,特别是公共数据权利体系建设的现实需要。相关理由将在下文作详细阐述,在此不作过多解释。

第二,公共数据权利理论供给不足。理论界对公共数据产权配置尚未展开规范探讨,现有研究基于企业数据保护形成的"知识产权保护论"[4]"公开传播权保护论"[5]"数据资产权保护论"[6]"数

---

[1] 参见余斌:《西方公共产品理论的局限与公共产品的定义》,载《河北经贸大学学报》2014 年第 6 期。

[2] 参见《中华人民共和国民法典》(2020 年 5 月 28 日第十三届全国人民代表大会第三次会议通过)第 348 条;《中华人民共和国海域使用管理法》(2001 年 10 月 27 日第九届全国人民代表大会常委委员会第二十四次会议通过)第 20 条。

[3] 参见《中华人民共和国民法典》(2020 年 5 月 28 日第十三届全国人民代表大会第三次会议通过)第 127 条。

[4] 参见王渊等:《数据权的权利性质及其归属研究》,载《科学管理研究》2017 年第 5 期。

[5] 参见崔国斌:《大数据有限排他权的基础理论》,载《法学研究》2019 年第 5 期。

[6] 参见龙卫球:《数据新型财产权构建及其体系研究》,载《政法论坛》2017 年第 4 期。

据权保护论"[1]"数据权益保护论"[2]等数据保护模型对公共数据权属建构具有借鉴意义。但公共数据与企业数据在权利主体、权利内容及权利利用等方面存在明显差异,因此以企业数据为基础确立的数据保护模式在回应公共数据权利配置方面具有内在局限性。相关内容将在下文展开详细阐述,在此不作过多解释。

第三,公共数据权属配置方案观察视角差异。公共数据权属配置出现"国家所有"与"政府所有"的争论除受公共数据权属配置制度缺失及理论供给不足影响外,也与相关观点的观察视角紧密相关。公共数据国家所有是从归属角度对公共数据权属配置展开的考察,意在从根本上明确国家对公共数据的支配关系。公共数据国家所有能够彰显国家的"所有者"优势,从而在维护数据安全基础上解决公共数据合理利用与公平分配问题。[3] 将数据归属于数据用户及网络平台无法有效实现数据的利用与保护:数据归属用户无法解决用户难以控制数据进而实现数据利用及增值难题,数据归属网络平台难以平衡数据用户及网络平台间数据权利义务关系,导致数据垄断及低效利用。[4] 因此唯有将数据资源配置给国家方能解决数据分配及利用存在的制度性障碍。尽管这是从宏观层面对数据归属国家所有合理性作出的阐释,但其对于解释公共数据归属国家所有具有一定的说服力,也能够为公共数据立法提供理论支撑。

---

〔1〕 参见许可:《数据保护的三重进路——评新浪微博诉脉脉不正当竞争案》,载《上海大学学报(社会科学版)》2017年第6期。

〔2〕 参见李扬、李晓宇:《大数据时代企业数据权益的性质界定及其保护模式建构》,载《学海》2019年第4期。

〔3〕 参见张玉洁:《国家所有:数据资源权属的中国方案与制度展开》,载《政治与法律》2020年第8期。

〔4〕 参见张玉洁:《国家所有:数据资源权属的中国方案与制度展开》,载《政治与法律》2020年第8期。

公共数据归属政府则是基于促进数据利用目的对公共数据权属作出的制度安排。在论证公共数据归属政府合理性时,学者们选择从明确公共数据客体属性、建构公共数据要素市场及确定政府公共数据许可主体地位等维度展开,认为“公共数据归属政府既有益于明晰公共数据民事权利客体的法律属性,又有利于培育规范的公共数据要素市场,还有助于明确政府作为公共数据许可主体的法律义务”。[1]

二、公共数据权利客体界定不精当

就数据是否属于民事权利客体,以及如何界定数据在民法中的基本定位,学者们展开了多维度探讨,形成了诸多颇具价值的研究成果,为阐述数据法律性质及其客体属性奠定了理论基础。但其对数据权利客体的界定尚不够精当合理,存在局限性。

(一)数据权利客体现有规制实践检视

现有研究对数据权利客体的认知主要形成了三类不同观点。有的学者认为数据不属于民事权利客体(此为数据非客体论);也有的学者认为数据属于民事权利客体,数据权利客体是数据信息(此为数据信息论);还有的学者认为数据权利客体是“数据文件”,即“符号层面的数据”(此为数据文件论)。这些观点或是将“数据”作为一般对象展开论证,或是从个人数据维度对数据的民事权利客体属性展开探讨。

数据非客体论认为数据并不符合民事权利客体的基本要求,因而否定数据作为民事权利客体的正当性。数据非客体论者在论证

[1] 参见赵加兵:《公共数据归属政府的合理性及法律意义》,载《河南财经政法大学学报》2021年第1期。

数据无法构成民事权利客体时沿着如下进路展开：一方面，明确数据的特殊性质。数据既不属于物权客体的"有体物"，也不属于知识产权客体的"无形物"，而是一类特殊的客观存在。[1] 另一方面，对比民事权利客体的基本特征，论证数据非民事权利客体观点的合理性。数据不具有确定性，难以为民事主体独占和控制；数据不具有独立性，无法脱离载体或者介质独立存在；数据不具有价值性，数据仅作为要素存在，既不能独立发挥作用也不能直接产生经济利益。[2]

数据信息论承认数据是民事权利客体，明确指出数据与信息构成一个整体。数据信息论者从个人数据维度论证数据作为民事权利客体的正当性：一方面，明确界定数据与信息的关系。数据是信息的表现形式，信息是数据承载的内容。法律肯定数据的民事权利客体地位，是因为数据承载着信息，这些信息或具有经济价值或承载着人格利益，因而保护数据就是在保护信息。[3] 另一方面，肯定数据作为民事权利客体的必要性。就保护个人民事权利及促进数据流转与利用角度而言，法律应当肯定数据作为民事权利客体的正当性，而仅因数据具有无形性而否定其具有可支配性，进而论证其不属于民事权利客体的观点难以成立。[4]

数据文件论本质上是将数据权利客体界定为数据文件，即"符号层面的数据"。数据文件论者在界定数据权利客体时沿着如下路径展开：一方面，严格区分符号层面的数据与内容层面的数据信息。为表述方便，下文将"符号层面的数据"简称为"数据符号"，将"内

---

〔1〕 参见梅夏英：《数据的法律属性及其民法定位》，载《中国社会科学》2016 年第 9 期。
〔2〕 参见梅夏英：《数据的法律属性及其民法定位》，载《中国社会科学》2016 年第 9 期。
〔3〕 参见程啸：《论大数据时代的个人数据权利》，载《中国社会科学》2018 年第 3 期。
〔4〕 参见程啸：《论大数据时代的个人数据权利》，载《中国社会科学》2018 年第 3 期。

容层面的数据信息”简称为“数据信息”。[1] 所谓“数据符号”,其仅指代作为符号存在的数据而不涉及符号承载的内容;所谓“数据信息”,则是指数据所承载和传递的知识信息。[2] 数据符号是数据信息的体现形式,一条数据信息可以体现为多个数据符号,其或是记录于纸质材料上,或是以各种格式保存于不同存储设备中。[3] 另一方面,明确肯定数据符号作为数据权利客体的可行性。数据符号可以被独占,真正具有非独占性的是数据信息;数据符号可以独立存在并能为人间接控制且可通过技术手段界分而被最终确定。[4]

理论界就数据权利客体展开省思对于不断深化数据权利客体认识意义重大。而结论层面的差异,既表明问题本身具有讨论的价值与空间,也彰显了问题研究的多元化视角。数据非客体论及数据信息论是从数据内容维度对数据权利客体展开的探讨,数据信息论是在批判继承数据非客体论的基础上对数据权利客体作出的再概括。数据文件论则是从数据符号维度对数据权利客体展开的归纳与总结,其已对数据权利客体作出相对规范的界定。

(二)数据权利客体规制实践再认识

对比而言,数据信息论及数据文件论已然能够从某种层面揭示出数据及数据权利客体的基本特征,为深入研究数据权利客体范畴

---

〔1〕 笔者在此使用“数据符号”而非“数据文件”,原因:一方面,使用“数据符号”符合数据文件论者的原意。数据文件论者认为“数据文件”实质上指代的是单纯的“数据”,也即“符号层面的数据”;另一方面,使用“数据文件”容易引起误解。从字面含义看,“数据文件”似乎是指“数据形成的集合”,但这种理解并不符合数据文件论者的原意,而将“数据文件”解释为“数据”又似有不通之处。

〔2〕 参见纪海龙:《数据的私法定位与保护》,载《法学研究》2018 年第 6 期。

〔3〕 参见纪海龙:《数据的私法定位与保护》,载《法学研究》2018 年第 6 期。

〔4〕 参见纪海龙:《数据的私法定位与保护》,载《法学研究》2018 年第 6 期。

奠定了理论基础，但其仍未从根本上厘清数据权利客体的核心范畴。“数据符号”这一概念范畴能够在一定程度上反映数据权利客体的基本特征，但尚未全面展现数据权利客体的全部要素，因此将数据权利客体界定为“数据符号”有失精确。为深入展开数据权利客体研究，笔者拟对现有数据权利客体争论作如下总结与回应。

第一，肯定符号层面的数据应当被归入民事权利客体范畴。根据民法一般理论，民事权利客体应当具有客观确定性和效益性，客观确定性是指民事权利客体应是独立于人的意识之外，并能为人感知和支配的客观世界中的各种对象；效益性是指民事权利客体应能满足主体的物质利益或精神需要，即应是各种物质或者非物质的财富。〔1〕数据符合民事权利客体的基本要件。首先，数据具有效益性。数据的效益性体现在两个维度：一方面，数据能够满足社会公众物质利益需要。数据是数字经济的基础性资源，数据开发利用“能使国民经济各产业、各领域通过数字创新的乘数效应和数字溢出效应推动数字经济迅猛发展，带动传统产业的转型升级”。〔2〕另一方面，数据能够满足数据控制者的物质利益需要。数据控制者通过市场交易可将丰富的数据资源转换为现实的物质财富，释放数据经济价值。

其次，数据相对客观确定。数据是对客观存在的事物或现象的记录和描述，而人类测量、记录和分析世界的渴望则是推动数据发展的核心动力。〔3〕数据客观存在并以某种形式存储于介质之上，

〔1〕参见马俊驹、余延满：《民法原论》，法律出版社2010年版，第65页。

〔2〕杜振华：《政府数据开放与创新驱动经济增长的关系》，载《首都师范大学学报（社会科学版）》2020年第2期。

〔3〕参见［英］维克托·迈尔－舍恩伯格、肯尼思·库克耶：《大数据时代：生活、工作与思维的大变革》，盛杨燕、周涛译，浙江人民出版社2013年版，第104页。

可以为人获取、理解和利用。同时数据又相对确定，人们一旦获得某一事物或者现象的数据，对该事物或者现象的不确定性认知便随之消除。[1] 而这也符合人类对民事权利客体认知的基本规律。人们对民事权利客体的认知与立法者对个人需求的认识紧密相连，如果某些外部世界对人类需要或者发展具有重要意义，人们便会将该部分对象纳入民事权利客体范畴。如认识到人应具有支配自身的身体、精神要素及某些身份的权利，立法遂承认这些关系为民事权利客体，进而确立了人格权与身份权；认识到自然界中某些具有经济利益的物质对人发展有益，遂以立法明确承认其为民事权利客体，进而确立了物权制度。[2] 时至今日，人类已进入大数据时代，数据已成为国家的基础性战略资源，其对于建构数字政府、发展数字经济及推动数字社会治理具有决定性意义。在此情况下，我们应当承认数据的民事权利客体属性并将之纳入民事法律规制范畴。

而认为数据难以确定的观点，则是从静态角度对数据展开的观察，其在某种程度上将符号层面的数据等同于内容层面的数据信息。符号层面的数据是内容层面的数据信息的表现形式，内容层面的数据信息可为多人占有和控制，而符号层面的数据却可独立存在并被间接占有和控制。符号层面的数据相对确定，在数字时代我们完全可以通过技术手段对符号层面的数据进行界分而使其最终确定。[3]

第二，相对规范地界定出数据权利客体的基本范畴。梳理数据权利客体争论可知，现有研究将数据权利客体界定为“数据符号”

---

〔1〕 参见常绍舜：《大数据与信息论和系统论》，载《系统科学学报》2020 年第 2 期。
〔2〕 参见龙卫球：《民法总论》，中国法制出版社 2002 年版，第 122 页。
〔3〕 参见纪海龙：《数据的私法定位与保护》，载《法学研究》2018 年第 6 期。

较为符合数据权利客体的内在属性。“数据符号”这一表述既简洁贴切，又便于理解和记忆，而且也符合民事法律制度对权利客体的界定规则。如民法将物权客体界定为“物”，[1]将知识产权客体界定为“知识产品”，[2]将人格权客体界定为“人身自由和人格尊严”。[3] 遵循这一“客体名称 + 权利”的权利客体界定实践，可以认为将数据权利客体表述为“数据符号”具有可行性。“数据符号”可被界分和控制也方便与存储载体相分离，因此肯定“数据符号”的法律意义并明确其民事权利客体地位，既可以为数据保护提供规范的实现方式，也有助于公共数据的开发与利用。

“数据信息”因不具有排他性，难以成为数据权利客体。从其基本特征看，“数据信息”具有公共物品属性。其利用具有非独占性和非竞争性，这意味着任何社会主体都难以对之施加控制，从而将其保留在专有领域；任何主体的利用行为又不会与其他主体的利用行为产生竞争或者冲突。与道路等其他公共物品相比，“数据信息”具有自身特点：一方面，“数据信息”是人类活动的“副产品”，其生成不需要额外的成本投入，且数量会持续不断增加；另一方面，“数据信息”具有高度的再利用价值，使用频率越高其价值释放越充分。鉴于此，“数据信息”不应为私人或者公共部门专有，而应留在公有领域为全体社会成员公知公用。更为重要的是，通过保护“数据符号”这一“数据信息”表现形式，也能实现对“数据信息”蕴

---

〔1〕 参见《中华人民共和国民法典》(2020 年 5 月 28 日第十三届全国人民代表大会第三次会议通过)第 115 条。

〔2〕 参见吴汉东主编：《知识产权法学》，北京大学出版社 2014 年版，第 12 页。

〔3〕 参见《中华人民共和国民法典》(2020 年 5 月 28 日第十三届全国人民代表大会第三次会议通过)第 109 条。

含价值的控制,而且还不会产生激励缺失弊病。[1]

第三,对数据权利客体认知和界定不甚精当。一方面,将数据权利客体界定为“数据符号”有失精确,存在解释误区,因此有必要采用更为规范恰当的词语界定数据权利客体。另一方面,现有研究未能解决数据权利客体的可区别性和可识别性难题。数据权利客体的可区别性,意在说明应以规范明确的方式确定数据权利归属。如果将数据权利客体界定为“数据符号”,则必须确保能将“你的数据符号”与“我的数据符号”区别开来。“一项主观权利的归属内容必须客体确定而且界限清晰……只有当一个确定的物的主体能够排除他人对此物的利用,进而能够对该物支配使用时……一项确定的主观权利才被个别地归入一个确定的主体。”[2]而数据文件论者并未完成这一任务,其仅指出数据符号所有权应归属于交易观念下的数据制造者,且“数据符号”可以独占和通过技术手段实现界分,但未说明应如何界分“数据符号”以及如何区分不同主体的“数据符号”。

此外,无论是数据信息论还是数据文件论均未明确数据权利客体的识别机制,即数据权利客体的社会典型公开。社会典型公开性源于社会与文化的共通认识并建立在可感知的客体之上,其要求人们从社会文化的普遍认知与经验中寻找受保护对象一般意义上的可感知性。社会典型公开性强调客体在法律上应具有一般意义的可识别性,即足够典型、规律和公开。[3] 学者们在论证数据权利客

---

〔1〕 参见纪海龙:《数据的私法定位与保护》,载《法学研究》2018 年第 6 期。

〔2〕 See Larenz/Wolf, Allgemeiner Teil des Bürgerlichen Rechts, 9. Auflage, Verlag C. H. Beck, München 2004, S. 243. 转引自于飞:《侵权法中权利与利益的区分方法》,载《法学研究》2011 年第 4 期。

〔3〕 参见于飞:《侵权法中权利与利益的区分方法》,载《法学研究》2011 年第 4 期。

体时强调其存在物理形态能为人感知，却并未从一般意义探讨如何使个体的感知上升为社会公众的普遍认知，即如何使社会公众真切地感知到数据确实存在且应为之提供保护。

三、公共数据权利属性界定不合理

对于公共数据权利的法律属性，现有理论与实践尚未形成统一认知和成熟的解释模型。以企业数据为基础建构的数据保护模式虽有助于平息因数据收集和利用而引发的争议，但公共数据与企业数据在权利主体及利用模式方面存在较大差异，[1]由此导致沿用现有的数据权利配置与保护模式难以有效解决公共数据权利配置难题，亟须针对公共数据建构新的权利性质解释模型。

（一）现有数据权利性质理论模型检视

为有效规制围绕数据形成的权利义务关系，学者们展开了持续深入研究，形成诸多有益的理论成果，现有研究倾向于以“知识产权论”“公开传播权论”“数据资产权论”“数据权论”“数据权益论”等理论模型解释数据赋权的实现路径。

知识产权论者认为，在数据权利配置方面可以借鉴知识产权制度安排，采用版权、邻接权及商业秘密等进路为数据提供规制方案。换言之，如果对于数据的选择、整理及编排结果具有独创性，则可构成版权法意义上的汇编作品，进而受版权法保护；如果企业对于数据的选择、整理及编排结果不具有独创性，从保护数据投资及促进数据信息传播的角度出发，可以考虑为数据集合提供邻接权保

---

〔1〕 有关企业数据与公共数据在权利归属及利用方面的差异，将在下文进行详细阐述，在此不作过多解释。

护。[1] 如果数据集合中的数据具有秘密性,或者数据所形成的数据集合具有秘密性,或者数据收集者对于数据集合所采取的补充、筛选、格式调整、删除或加密等措施使得数据集合具有秘密性,则可采用商业秘密形式为这些数据集合提供保护,且实践已然证明商业秘密是推动大数据集合保护和交易的重要制度基础。[2]

公开传播权论者认为,尽管知识产权模式可以为某些具有独创性的、企业进行实质性投资的以及具有秘密性的数据集合提供有限保护,其对那些处于公开状态的非独创性的大规模数据集合保护却无能为力。为促进数据产业发展,应为那些处于公开状态的非独创性的大规模数据集合提供必要保护,可以考虑赋予数据集合收集者或控制者公开传播权,以阻止他人未经许可向公众传播收集者付出实质性劳动收集的实质性数量的数据内容。[3] 从权利内容看,公开传播权包括著作权法意义上的发行权、广播权、信息网络传播权,但不包括复制权、演绎权及其他权利。[4] 从这一角度来说,公开传播权论是知识产权论的特殊版本,其试图通过扩张解释现行版权制度为处于公开状态的非独创性数据集合提供有限保护。

数据资产论者认为,为保护企业利益和激励企业持续参与数据经济投入,有必要绕开传统的赋权策略转而建构起数据资产权这一新型数据财产化机制。数据资产权是一项专有排他权:就专有角度

[1] 参见王渊等:《数据权的权利性质及其归属研究》,载《科学管理研究》2017 年第 5 期。

[2] 参见崔国斌:《大数据有限排他权的基础理论》,载《法学研究》2019 年第 5 期。

[3] 参见崔国斌:《大数据有限排他权的基础理论》,载《法学研究》2019 年第 5 期。

[4] 公开传播权论者在解释这一制度安排时指出,从现有实践看,绝大多数的数据收集者通过诉讼方式所欲实现的是阻止他人对数据的公开传播,而非单纯的数据复制或者其他数据利用行为,而且禁止数据复制行为很可能会限制后续的数据利用行为,过度增加社会成本。参见崔国斌:《大数据有限排他权的基础理论》,载《法学研究》2019 年第 5 期。

而言,数据资产权允许权利人对数据集合享有占有、使用、收益及处分等权能;就排他角度而言,数据权利人有权排除任何第三方所为之数据侵入、盗窃及非法使用等干涉行为。[1]

数据权论者认为,鉴于商业秘密及反不正当竞争一般条款在数据保护方面存在固有局限性,可以考虑采取数据财产法进路,赋予数据控制者以数据权。数据权是数据控制者对其控制的数据集合享有的占有、使用和处分的权利。数据权是对世权,权利人依据占有或者登记等公示方法可以对抗任意第三人。[2]

数据权益论者认为,企业对其收集的数据享有数据权益,企业数据权益是由不同的权益集合而成的权利束,其既包括法定化的权利也包括受法律保护的利益。[3] 以企业数据权益为基础规制数据权利可以采取确权保护模式与行为规制模式相结合的方式展开,如果企业数据符合知识产权客体构成要件,则可以赋予其相应的专有权利,对于那些无法用知识产权制度回应但又符合"非类型化、正当性与保护必要性"要件的企业数据利益可以采取行为规制模式,利用《反不正当竞争法》提供保护和救济。[4]

归纳现有数据赋权解释模型可知,理论界倾向于以财产权模式建构数据权利机制,即通过赋予数据收集者或者控制者以排他性财产权实现对数据相关利益的界定和分配。这一主流的数据财产权利配置机制对于规范建构公共数据权利体系具有较强的借鉴意义,

---

〔1〕 参见龙卫球:《再论企业数据保护的财产权化路径》,载《东方法学》2018 年第 3 期。

〔2〕 参见许可:《数据保护的三重进路——评新浪微博诉脉脉不正当竞争案》,载《上海大学学报(社会科学版)》2017 年第 6 期。

〔3〕 参见李扬、李晓宇:《大数据时代企业数据权益的性质界定及其保护模式建构》,载《学海》2019 年第 4 期。

〔4〕 参见李扬、李晓宇:《大数据时代企业数据权益的性质界定及其保护模式建构》,载《学海》2019 年第 4 期。

公共数据法律属性界定可以沿着这一理论进路有效展开。现有数据财产权理论模型对于建构公共数据权利体系具有如下指导意义：第一，其明确了数据权利法律性质。数据权利属于绝对权，数据收集者或控制者对其收集的数据享有专有支配权，可以排除任何第三人的干涉。第二，其建构了较为全面的数据权利内容。数据收集者或控制者对其收集的数据享有占有、使用、收益和处分的权利。第三，其肯定了数据收集者或者控制者的权利人地位。数据收集者或者控制者是数据财产的当然权利人。

（二）现有数据权利解释模型回应公共数据权利建构的理论困境

因公共数据与企业数据在权利主体、数据利用及数据权利内容方面具有明显差异，由此导致以企业数据为基础确立的数据权利解释模型在回应公共数据权利配置方面具有内在局限性，存在无法跨越的理论困境。

第一，知识产权模式已被证明无法为公共数据提供全面规制。一方面，并非所有的公共数据都符合知识产权客体的基本要求，[1]由此导致那些处于公开状态的非独创性公共数据无法获得知识产权保护。[2] 尽管赋予权利人以公开传播权可以修补这一理论疏漏，但公开传播权论者并未明确公开传播权的权利客体、权利内容、权利归属及权利保护期限等核心议题，[3]因此以公开传播权为基础塑造公共数据权利配置模式无法有效回应当前的公共数据利用需求。

另一方面，即使采用商业秘密规制公共数据仍无法为之提供完

---

〔1〕 而且公共数据数据集合并不符合知识产权的地域性和时间性等基本特征，采用知识产权保护模式将不可避免地限制公共数据集合的跨境流动，损及数据权利人的正当权益。

〔2〕 参见崔国斌：《大数据有限排他权的基础理论》，载《法学研究》2019年第5期。

〔3〕 参见崔国斌：《大数据有限排他权的基础理论》，载《法学研究》2019年第5期。

整的保护方案。利用商业秘密规制公共数据意味着必须将之纳入《反不正当竞争法》规制范畴,利用《反不正当竞争法》第 2 条的一般原则条款规制公共数据侵权行为。但因《反不正当竞争法》一般条款条文设置过于模糊,其对于法院确定公共数据的客体范围、禁止行为类型、权利保护期限及权利限制制度等都无法提供规范明确的指引,[1]导致法官自由裁量权过大,不利于为公共数据提供规范有效保护。而且采用《反不正当竞争法》一般条款规制公共数据也不符合《民法典》的基本精神。《民法典》已然认可公共数据权益的权利地位,在此背景下仍然采用《反不正当竞争法》规制公共数据,任由法官回避对公共数据权益法律地位的规范界定而将法益体现的、排除他人支配的行为作为法律禁止的行为予以保护,既有点舍近求远、本末倒置,也难以自圆其说。[2]

第二,数据权益行为规制模式既无法满足公共数据保护的现实需要,也不符合公共数据产权配置的基本目标。相关理由已在前文展开详细探讨,在此不作过多论述。

第三,数据权和数据资产权模式确立的权利机制难以有效回应公共数据产权配置需求。公共数据与企业数据分属不同主体:公共数据归属国家所有,政府代表国家行使相应权利,企业数据属于作为数据收集者或控制者的企业。政府作为公共数据权利人,对公共数据这类公共资源享有占有、使用、收益、处分及管控等权利。政府作为公共数据的管控者和提供者,有必要对公共数据利用行为及结果进行追踪、记录和监管,以确定公共数据利用不会损及国家安全、

---

〔1〕 参见崔国斌:《大数据有限排他权的基础理论》,载《法学研究》2019 年第 5 期。

〔2〕 参见许可:《数据保护的三重进路——评新浪微博诉脉脉不正当竞争案》,载《上海大学学报(社会科学版)》2017 年第 6 期。

企业商业秘密及个人隐私等合法利益。而这些利益诉求已然超出数据权或数据资产权论者所建构理论模型的规制范畴。

四、公共数据权利内容不全面

现有理论尝试从占有、使用、收益和处分等维度展开数据权利内容建构,期待以所有权模型界定公共数据的权利性质和权利内容。因缺乏对公共数据自身特点的应有关照,以现有权利解释模式界定公共数据权利内容存在明显制度缺失。其突出地体现为缺乏对公共数据管控权的合理制度安排。鉴于公共数据权利内容中的占有、使用、收益及处分等权利与所有权等民事权利存在高度一致性,在此不对之作详细阐述,主要就公共数据管控权规制的局限性进行分析概括。对公共数据管控实践的全面检视有助于明晰现行公共数据管控权制度建构得失,为该项制度的规范建构奠定理论基础。

(一)公共数据管控权现有规制实践概览

在公共数据市场化配置过程中,现有立法实践明确规定公共数据提供主体应当对公共数据处理活动实施管控。但在规制公共数据管控行为时,各地实践有所差异。一是将公共数据管控视为公共数据提供主体的法定义务。如上海市在公共数据立法时规定,数据开放主体应当对数据处理及数据开放情况进行记录并建立监管制度,对于有条件开放类公共数据的利用情况进行跟踪,判断数据处理活动是否合法正当。[1]

二是赋予公共数据提供主体以数据管控权。如西安市在公共

〔1〕 参见《上海市公共数据开放暂行办法》(2019 年上海市人民政府令第 21 号)第 20、27 条。

数据共享的规范性文件中明确指出“市政府授权市大数据产业发展管理机构行使数据资源统筹管理权,负责西安市政务数据的统筹管理、授权开发、利用增值和监督指导等工作”。[1] 由此不难看出,此处的管理权内在地包含数据管控权项。政务部门依照法定职能也对公共数据享有管理权,并可在数据授权开发阶段要求授权或者合作开发对象严格遵守授权开发协议,定期报告数据利用情况。[2] 福建省出台的政府规章中也对此项内容作出了明确规定。[3]

广东省在公共数据立法时规定,公共数据提供主体应当会同同级有关部门对有条件开放类公共数据开发利用情况进行后续跟踪与服务,判断数据利用行为是否符合公共数据安全管理办法和公共数据利用承诺,[4] 并对数据利用主体的利用行为进行跟踪与评估,定期对其失信行为进行评价,结果记入信用档案。[5] 浙江省在公共数据开放时也有类似规定,其明确要求公共数据提供主体应当对受限开放类公共数据开发利用情况进行跟踪与服务,及时了解公共数据利用行为是否符合公共数据安全管理规定和开放利用协议。[6]

(二)现有实践规制公共数据管控权的局限性

现有实践规制公共数据管控权的局限性主要表现在如下方面:

第一,对公共数据提供主体数据管控行为法律属性认知不甚统

---

[1] 参见《西安市政务数据资源共享管理办法》(市政发〔2018〕47 号)第 7 条。

[2] 参见《西安市政务数据资源共享管理办法》(市政发〔2018〕47 号)第 8、29、31 条。

[3] 参见《福建省政务数据管理办法》(2016 年福建省人民政府令第 178 号)第 35 条。

[4] 参见《广东省公共数据开放管理暂行办法(征求意见稿)》第 31 条,载 http://zfsg.gd.gov.cn/hdjlpt/yjzj/answer/mobile/8584#/index,最后访问日期:2020 年 12 月 12 日。

[5] 参见《广东省公共数据开放管理暂行办法(征求意见稿)》第 28 条,载 http://zfsg.gd.gov.cn/hdjlpt/yjzj/answer/mobile/8584#/index,最后访问日期:2020 年 12 月 12 日。

[6] 参见《浙江省公共数据开放与安全管理暂行办法》(2020 年浙江省人民政府令第 381 号)第 28 条。

一。有的规制方案将其界定为公共数据提供主体的基本义务,并明确了违反此项义务的法律责任。[1] 有的规制实践将公共数据管控行为视为公共数据提供主体享有的权利。混乱的规制实践一方面说明实务部门对公共数据管控行为的认识有待深化,另一方面也表明理论界亟须对公共数据授权利用相关问题展开深入全面研究,以为公共数据授权利用持续展开奠定理论基础。

第二,对公共数据管控权法律属性尚未作出清晰界定。现有规制实践未能规范界定公共数据管控权的法律属性,制度设计设置混杂着公权与私权的元素。如西安市虽明确授权市大数据产业发展管理机构行使公共数据统筹管理权,但该项管理权以"统筹管理""监督指导"等为核心内容,由此不合理地将该项管理权纳入政府公权力范畴。而其中的"授权开放""利用增值"等权利内容又呈现私权意蕴,相关制度安排也能够印证这些权利内容的私权地位。公共数据授权主体"应当将属于政府取得的授权收入作为国有资产经营收益按照规定缴入同级财政金库"[2] 的规定表明公共数据管控权内含等价交换元素。究其本质,公共数据管控权是公共数据提供主体享有的一项重要权利,应当被归入私权范畴。

第三,未能规范建构公共数据管控权体系。现有规制实践未能从根本上厘清公共数据管控权的核心内容及其私权属性,多数规制方案在权利属性界定时摇摆不定。相关内容已在前文有关管理权性质部分作出相关介绍,在此不作过多解释。

---

〔1〕 参见《浙江省公共数据开放与安全管理暂行办法》(2020 年浙江省人民政府令第 381 号)第 42 条。

〔2〕 参见《西安市政务数据资源共享管理办法》(市政发〔2018〕47 号)第 32 条。

第三节　公共数据市场化配置交易实现机制的局限性

当前公共数据市场化配置交易实现机制建构已经取得了一些成果,达成了一些共识。但这些制度安排难以真正契合公共数据市场化配置的现实需要,制约公共数据生产要素价值潜能的有效释放。我国公共数据市场化配置交易实现机制存在的局限性主要表现在如下方面:一是公共数据市场化配置交易合同的法律属性界定不当;二是公共数据市场化配置的交易标的界定不规范;三是公共数据市场化配置价格形成机制不合理。

一、公共数据市场化配置交易合同性质界定不恰当

对于公共数据市场化配置的交易合同法律属性,现有实践多从行政协议维度展开制度建构,主要形成了行政许可合同、特许经营协议或特殊的行政协议等观点。其理论基础是将公共数据市场化配置视为公共数据开放或者公共数据授权运营。事实上,公共数据开放与公共数据市场化配置具有明显差异。与公共数据开放不同的是,公共数据授权运营符合公共数据市场化配置的基本要求,其是公共数据市场化配置的基本实现方式。因公共数据开放、公共数据授权运营及其二者间的关系并非本书研究的重点,在此不作过多解释,统一表述为公共数据市场化配置实现方式。

(一)公共数据市场化配置交易合同法律属性规制实践概览

对于公共数据市场化配置交易合同法律属性,现有理论与实践存在一定争议,主要形成如下观点:

一是将其界定为行政许可协议。此类观点认为,公共数据市场化配置应被视为一种行政许可,但其不同于一般意义的行政许可,属于特殊行政许可。因此公共数据授权利用协议应属于特殊行政许可协议,公共管理和服务机构可以基于该项行政许可协议将部分公共数据授权市场主体利用。[1]

二是将其界定为政府特许经营协议。此类观点认为,公共数据市场化配置交易合同在性质上属于特殊公共服务特许经营协议。鉴于公共数据授权利用的公共服务本质,可以将其归入政府特许经营范畴,进而将公共数据市场化配置交易合同界定为特殊类型的公共服务特许经营协议,其性质属于行政协议范畴。[2]

三是将其界定为不同于政府特许经营协议的新型行政协议。此类观点认为,公共数据利用的非竞争性和非排他性意味着授权主体可以同时授权多个市场主体开展数据开发利用,这明显有别于政府特许经营的竞争性和排他性的数据利用模式。此外,以行政协议为基础界定公共数据市场化配置交易合同的法律属性有利于公共数据提供主体基于维护公共利益目的单方面撤回授权或者调整合同内容,以此维护数据安全。[3]

四是将其界定为具有多重属性的综合开发类协议。《"十四五"数字经济发展规划》明确规定对具有经济社会价值且允许加工利用的公共数据,可以通过数据开放、特许开发、授权应用等方式鼓

---

〔1〕 参见"上海在全国率先为公共数据授权运营立法明年将出具体管理办法",载 https://www.thepaper.cn/newsDetail_forward_15839526,最后访问日期:2022 年 1 月 28 日。

〔2〕 参见常江、张震:《论公共数据授权运营的特点、性质及法律规制》,载《法治研究》2022 年第 2 期。

〔3〕 参见罗培新:《寻求私权保护与数据开发利用的精巧平衡|〈上海市数据条例〉(征求意见稿)解读》,载 https://www.wxnmh.com/thread-9549997.htm,最后访问日期:2022 年 1 月 28 日。

励更多社会力量进行增值开发利用。[1] 从其基本内容看，规划并未明确公共数据市场化配置交易合同的法律属性，仅是对其实现方式作出原则规定。结合其实现方式可以推知，公共数据市场化配置交易合同仍会以行政协议方式实施。

综上可知，现行公共数据市场化配置实践以行政规制为基础展开，以政府特许经营协议或者新型行政协议等模型解释公共数据市场化配置交易合同的法律属性。鉴于公共数据提供主体为公共管理和服务机构，市场化配置的数据是公共管理和服务机构在履行职责过程中收集的数据资源，加之将公共数据界定为公共产品的固有偏见，[2]得出公共数据市场化配置交易合同属于行政协议的结论也就不足为奇了。但将公共数据市场化配置交易合同界定为行政协议，并以此为基础展开数据开发利用难以真正实现"鼓励第三方深化对公共数据的挖掘利用"的制度价值目标，[3]也无法充分释放公共数据的生产要素价值。

（二）公共数据市场化配置交易合同法律属性界定失范成因检视

从要素市场化配置的基本要求及释放公共数据生产要素潜能的角度看，公共数据市场化配置交易合同应当被归入民事合同，而非被界定为行政协议。对于将公共数据市场化配置交易合同法律属性界定为民事合同的合理性将在下文作详细阐述，在此仅就公共数据市场化配置交易合同被不当界定为行政协议的原因进行分析概括。公共数据市场化配置交易合同法律属性被不当地归入行政

〔1〕 参见《"十四五"数字经济发展规划》（国发〔2021〕29 号）。

〔2〕 参见胡业飞、孙华俊：《政府信息公开与数据开放的关联及治理逻辑辨析——基于"政府—市场—社会"关系变迁视角》，载《中国行政管理》2021 年第 2 期。

〔3〕 参见《中华人民共和国国民经济和社会发展第十四个五年规划和 2035 年远景目标纲要》第五篇第十七章"加强公共数据开放共享"部分的论述。

协议范畴主要受如下因素的影响和制约:

第一,对公共数据的基本属性认知不全。公共数据是公共管理和服务机构在履行职责时收集的数据,具有“治理要素”与“生产要素”双重属性。[1] 作为治理要素的公共数据主要服务于公共利益,满足公共管理和服务需要,推动数字政府建设、国家治理过程公开透明及国家治理方式现代转型,[2] 在资源配置层面主要通过非市场化方式展开,即以非营利方式向社会主体开放数据。公共管理和服务机构不得通过公共数据开放营利,仅可基于“补偿公共服务整体”收取必要费用。[3] 作为生产要素的公共数据则被纳入生产资料范畴参与经济运行,沿着“数据资源—数据资产(产品)—数据商品—数据资本”的进路释放经济价值。[4] 此时公共数据利用主要以市场化方式展开,公共管理和服务机构应当以竞争性方式展开数据授权利用,按照平等、自愿、等价有偿等原则与数据利用主体签订民事合同。[5] 现行公共数据市场化配置规制实践片面强调公共数据的治理要素属性,在数据利用时以政府主导的行政协议为基础展开,忽视了公共数据的生产要素价值,未能按照生产要素市场化配置的基本模式展开公共数据开发利用,导致公共数据市场化配置交易合同法律属性界定存在严重偏差。

第二,对公共数据市场化配置的制度价值认识不清。公共数据

---

[1] 参见李刚:《政府数据市场化配置的边界:政府数据的“生产要素”和“治理要素”二重性》,载《图书与情报》2020 年第 3 期。

[2] 参见徐琳、李紫薇:《数据成为生产要素后的国家治理现代化》,载《中共党史研究》2020 年第 5 期。

[3] 参见胡业飞、田时雨:《政府数据开放的有偿模式辨析:合法性根基与执行路径选择》,载《中国行政管理》2019 年第 1 期。

[4] 参见李海舰、赵丽:《数据成为生产要素:特征、机制与价值形态演进》,载《上海经济研究》2021 年第 8 期。

[5] 参见肖泽晟:《论国家所有权与行政权的关系》,载《中国法学》2016 年第 6 期。

市场化配置是公共数据市场化利用的基本方式，意在满足特定市场主体的商业利益。其与公共数据开放存在明显差异。多数规制实践却将公共数据市场化配置与公共数据开放等同对待，引发规制困境。公共数据开放是公共管理和服务机构面向社会提供原始性、可机读性及可社会化利用数据集的公共服务行为。[1] 公共数据开放意在发挥公共数据的治理要素属性，因此以行政协议为基础推动数据开放利用。对比可知，公共数据市场化配置与公共数据开放存在明显差异：首先，从制度价值角度看，公共数据市场化配置意在释放公共数据的生产要素价值，助力数字经济发展，公共数据开放重在发挥公共数据的治理要素属性，推动经济社会治理现代化。其次，从可利用数据范围角度看，公共数据市场化配置重点利用的是与民生紧密相关、社会需求迫切、商业增值潜力显著的数据，其在范围上可能包括限制开放类公共数据以及禁止开放类公共数据，公共数据开放可利用的数据涵盖所有非禁止开放的公共数据。最后，从数据利用价格角度看，公共数据市场化配置应当按照市场定价方式收取数据利用费用，确保公共数据保值增值，[2] 公共数据开放主要以非市场化方式展开，建立免费开放与有偿开放相结合的公共数据开放制度。[3] 由此不难看出，公共数据市场化配置具有独立的制度价值，其对于充分挖掘公共数据经济价值，实现数据资源合理配置，促

---

〔1〕 参见《上海市公共数据开放暂行办法》(2019 年上海市人民政府令第 21 号)第 3 条第 2 款。

〔2〕 参见李海敏：《我国政府数据的法律属性与开放之道》，载《行政法学研究》2020 年第 6 期。

〔3〕 参见胡业飞、田时雨：《政府数据开放的有偿模式辨析：合法性根基与执行路径选择》，载《中国行政管理》2019 年第 1 期。

进数字经济发展具有重要意义。[1] 社会公众已然认可公共数据市场化配置独立的制度价值。"十四五规划"明确将公共数据开放与公共数据授权运营分别规制,鼓励第三方基于授权运营对公共数据进行数据挖掘和利用。[2] 而现有公共数据规制实践对于公共数据市场化配置独立的制度价值尚未达成普遍共识,通常以公共服务提供行为为视角考察其法律属性,进而将公共数据市场化配置交易合同界定为行政协议。这种制度安排构成了对公共数据市场化配置交易合同法律属性的严重误读,以此为基础建构的制度方案严重制约着公共数据市场化配置的有效展开。

第三,对现有公共资源利用模式存在路径依赖。在界定公共数据市场化配置交易合同法律属性时,现有理论与实践倾向以行政许可协议、政府特许经营协议及行政协议等既有解释模式为基础展开规范建构。因其与公共数据市场化配置的基本要求及其交易合同的本质属性存在明显差异,导致由此确立的解释进路难以达至预期效果。首先,公共数据市场化配置交易合同不属于行政许可规制范畴。行政许可是行政机关根据公民、法人或者其他组织的申请经依法审查准予其从事特定活动的行为。[3] 行政许可的设定具有明确的范围,公共数据市场化配置并不属于设定行政许可的事项,而应被归入市场竞争机制能够有效调节、行政机关采用事后监督等方式

---

〔1〕 参见袁强、石小兵:《政府数据授权运营的法律性质及其制度完善探析》,载《中国信息化》2021 年第 7 期。

〔2〕 需要说明的是,公共数据授权运营是实现公共数据市场化配置的基本方式,就这一角度而言,国家对公共数据市场化配置与公共数据开放间关系的识别思路,能够得到更为清晰的展现。

〔3〕 参见《中华人民共和国行政许可法》(根据 2019 年 4 月 23 日第十三届全国人民代表大会常务委员会第十次会议《关于修改〈中华人民共和国建筑法〉等八部法律的决定》修正)第 2 条。

能够解决的事项范畴,[1]因此不宜将公共数据市场化配置纳入行政许可规制范畴,当然也不宜将公共数据交易合同界定为行政许可协议。[2] 其次,公共数据市场化配置交易合同不同于政府特许经营协议。政府特许经营协议的规制对象主要包括能源、交通运输、水利、环境保护、市政工程等,签订特许经营协议的目的在于提供公共产品和服务。[3] 公共数据市场化配置与特许经营存在明显差异。公共数据作为信息的记录,其明显有别于自然资源等客体,因此难以直接将数据归入政府特许经营规制范畴;而公共数据的生产要素属性决定了公共数据市场化配置以满足特定市场主体的经济利益为目标,而非提供基本公共产品或服务,其与政府特许经营提供公共产品和服务的制度目标存在明显差异,因此难以直接将公共数据市场化配置交易合同归入政府特许经营规制范畴。最后,公共数据市场化配置交易合同不属于行政协议。行政协议是行政机关为实现行政管理或者公共服务目标,与公民、法人或者其他组织协商订立的具有行政法上权利义务内容的协议。[4] 行政协议规制的是行政法上的权利义务,其主要指向的是行政权行使行为,而非行政机关所为之市场行为。[5] 而公共数据市场化配置意在通过市场方式配置数据资源,发挥数据的生产要素价值,公共数据市场化配置以自愿、平等、有偿的市场化方式推动数据资源配置,因此可以将

---

〔1〕 参见《中华人民共和国行政许可法》(根据2019年4月23日第十三届全国人民代表大会常务委员会第十次会议《关于修改〈中华人民共和国建筑法〉等八部法律的决定》修正)第12、13条。

〔2〕 相关理由详见下文,在此不作过多解释。

〔3〕 参见《基础设施和公用事业特许经营管理办法》(2015)第2、3条。

〔4〕 参见《最高人民法院关于审理行政协议案件若干问题的规定》(法释〔2019〕17号)第1条。

〔5〕 参见王利明:《论行政协议的范围——兼评〈关于审理行政协议案件若干问题的规定〉第1条、第2条》,载《环球法律评论》2020年第1期。

公共数据交易合同归入民事合同范畴。[1] 现有实践以行政协议为基础解释公共数据市场化配置交易合同法律属性,难以真正满足公共数据市场化配置的现实需要,不可避免地会影响公共数据市场化配置的规范展开。

二、公共数据市场化配置交易标的界定不规范

对于公共数据市场化配置的交易标的,现有研究并未形成清晰认知,在公共数据开放与公共数据授权运营场合,现行立法仅是规定社会公众或者市场主体可以依法利用公共数据,并可对基于数据利用形成的数据产品和服务享有权益。但需要反思的是,在公共数据市场化配置过程中当事人交易的合同标的究竟是什么？对于这个问题,现行公共数据立法并未作出明确回答。公共数据市场化配置交易标的规制失范已然严重影响公共数据开发利用的规范展开。

(一)公共数据市场化配置交易标的规制实践概览

当前研究就公共数据市场化配置交易标的尚未展现系统研究,学者们多是从企业间数据交易的维度展开探讨,形成了部分研究成果。对这些研究成果的省思对于概括公共数据市场化配置交易标的具有参考意义。现有研究就数据交易标的主要形成如下观点:

一是将数据交易标的界定为数据产品,此为“数据产品交易论”。该观点认为,只有数据产品才是数据要素定价的对象,这是因为将数据要素加工后形成的数据产品进行交易能够为数据提供方、数据需求方和数据经纪人带来收益和效用,且将数据产品投入生产过程与其他生产要素融合应用能够提升最终产品的性能或者生产

---

〔1〕 参见崔建远:《行政合同族的边界及其确定根据》,载《环球法律评论》2017 年第 4 期。

效率。[1]

二是将数据交易标的界定为数据，此为“数据交易论”。该观点认为，数据交易的对象是作为生产要素的原始数据，并从概念层面明确了数据的基本范畴。数据是人们借助于现代计算机和互联网技术捕捉、管理和处理的数据集合。数据交易意在确保数据所有者以营利目的通过市场交易实现数据价值，数据使用者以低成本购买数据要素，并与其他生产要素结合，在生产中创造更大经济效益。[2]

三是将数据交易标的界定为数据使用权，此为“数据使用权交易论”。此类观点认为，在数字经济时代，赋予数据企业以类似所有权的数据财产权并不符合数字经济发展的现实需要，还将带来权利分配难题及数据垄断等诸多困境。而赋予企业以数据使用权可以有效克服上述难题，促进数据的有效利用和流转。[3] 此外，因数据利用具有非竞争性，如果进行数据所有权交易，将导致数据所有权同时归属于交易双方，显著降低数据采集方的激励，不利于数据交易市场的可持续发展。[4]

四是将数据交易标的界定为数据所有权，此为“数据所有权交易论”。数据作为企业所有的重要资产，企业可以基于实践需要直接转让其所有权。诚如前文所言，因数据利用具有非竞争性，直接

〔1〕 参见欧阳日辉、杜青青：《数据要素定价机制研究进展》，载《经济学动态》2022 年第 2 期。其他类似的观点，参见熊巧琴、汤珂：《数据要素的界权、交易和定价研究进展》，载《经济学动态》2021 年第 2 期。

〔2〕 参见何玉长、王伟：《数据要素市场化的理论阐释》，载《当代经济研究》2021 年第 4 期。

〔3〕 参见付新华：《企业数据财产权保护论批判——从数据财产权到数据使用权》，载《东方法学》2022 年第 2 期。

〔4〕 参见龚强等：《数据交易之悖论与突破：不完全契约视角》，载《经济研究》2022 年第 7 期。

交易数据所有权并不符合数据权人利益最大化的价值目标,因此数据所有权交易并非数据交易的基本样态。

(二)现有数据交易标的规制模型回应公共数据市场化配置交易的局限性

通过对数据交易标的现有研究成果的分析梳理可以得出如下判断:

第一,现有研究对数据交易标的的分歧较大,尚未形成统一认知。首先,“数据产品交易论”并未围绕数据本身探讨数据交易的可行性,而是将关注焦点置于数据开发之后的数据产品,将其作为数据要素市场化配置的标的。而在论证理由时既未对数据与数据产品之间的关系作出有效区分,也未能关注到数据利用的场景化特征。数据产品是原始数据基于特定场景或者目的加工后的结果,其并非原始数据本身。与数据产品利用具有明确的场景不同,原始数据可基于不同场景进行持续加工利用。换言之,以数据产品为数据要素市场化配置的交易标的,将在很大程度上限制数据经济社会价值的有效释放。其次,“数据交易论”未能明确数据市场化配置围绕何种权利展开。“数据交易论”体现出对数据价值的关照及对数据不同于数据产品地位的认可,具有内在的合理性。但其并未有效明确数据市场化配置交易的是何种类型的数据权利。数据权人对数据可以享有占有、使用、收益和处分等多项权利。以数据作为交易标的难以说明交易的是何种类型的权利或者权能。最后,以数据权利为交易标的能够体现出数据要素市场化配置的基本要求。以数据权利为交易标的已然关注到了数据交易的本质,体现出对数据控制权的关照。数据交易在本质上体现的是对数据权利的交易而非对数据本身的交易,因此以数据权利为交易标的具有现实的合理性。

第二，现有数据交易对象模型回应公共数据市场化配置的局限性。鉴于公共数据与企业数据在表现形式及内容方面具有相似性，因此在公共数据市场化配置时可以借鉴现行企业数据交易标的研究成果，建构公共数据市场化配置交易标的体系。但因公共数据与企业数据在权利主体、权利归属及权利性质等方面具有明显区别，由此意味着难以直接参照企业数据交易模式，以数据所有权为基础展开交易，而只能以数据使用权为基础设置公共数据市场化配置交易标的。相关理由将在下文展开论述，在此不作过多解释。

三、公共数据市场化配置价格实现机制界定不合理

对于公共数据市场化配置的价格生成机制，现有研究尚未形成较为完整的规则体系，多是以行政收费为基础建构公共数据市场化配置价格机制，[1] 由此确立的价格机制难以真正反映公共数据市场化配置的现实需要。接下来将在梳理现有公共数据开发利用定价模式的基础上，分析其对公共数据市场化配置价格生成机制的不利影响。

（一）现有公共数据开发利用定价模式概览

现行公共数据开发利用定价模式以行政性收费为基础，辅之以其他类型定价标准，主要形成如下模式：

一是商业主体有限收费，社会公众免费开放模式。基于该项定价模式，公共数据授权主体可以根据“受益者负担原则”要求市场主体在对公共数据商业开发时支付相应的费用，具体可以行政收费

〔1〕 参见王诚、刘阳阳：《论政府数据开放的收费定价及其法律规制》，载《天津行政学院学报》2020年第2期。

等方式实施,以弥补公共数据提供主体的成本,为数据开发利用提供更多激励。社会公众基于科研及教育等目的利用公共数据时,因不存在特定的受益者,应当允许其免费获取公共数据。[1]

二是成本加一定比例的溢价模式。该类观点认为,在公共数据授权利用价格确定时,可以公共数据耗费的固定成本加边际成本为收费计算基数,结合公共数据的市场价值和利用方式等因素,同时加入一定比例的溢价,从而使公共数据授权利用定价能够反映市场供求关系。[2]

三是根据数据利用特征确立多元化定价模式。一方面,在政府公开数据时以免费为原则,收费为例外,允许其获取必要的数据处理工作成本报酬;另一方面,在数据开放存在明显的受益者时,基于"受益者负担原则"要求受益者承担相应费用,可根据"成本 + 利润"确定行政收费价格。[3]

四是以数据交换为定价模式。该类观点认为,在公共数据开放时要求企业向公共数据资源池回传自身运营数据,作为其获取公共数据的对价。如此可以在简化公共数据开放界权成本的基础上推动公共数据开发利用。[4]

(二)现有公共数据开发利用定价模式回应公共数据交易价格生成机制的局限性

通过对现行公共数据开发利用定价模式分析可知,其在制度建

---

〔1〕 参见胡业飞、田时雨:《政府数据开放的有偿模式辨析:合法性根基与执行路径选择》,载《中国行政管理》2019 年第 1 期。

〔2〕 参见齐英程:《公共数据增值性利用的权利基础与制度构建》,载《湖北大学学报(哲学社会科学版)》2022 年第 1 期。

〔3〕 参见杨力:《论数据交易的立法倾斜性》,载《政治与法律》2021 年第 12 期。

〔4〕 参见戴昕:《数据界权的关系进路》,载《中外法学》2021 年第 6 期。

构时已经关注到市场主体与非市场主体的差异，并尝试基于数据利用主体差异展开制度建构。这种数据利用定价机制对于公共数据市场化配置价格形成机制建构具有借鉴意义。但其基于行政定价模式确立的公共数据授权利用定价模式在回应公共数据市场化配置价格生成机制方面存在局限性。

第一，现行公共数据开发利用定价模式对公共数据市场化配置价格机制形成具有借鉴意义。首先，其明确提出对公共数据开发利用收取费用。在公共数据开发利用规制时，多数数据立法将公共数据市场化配置等同于公共数据开放，进而采取公共数据免费获取模式，致使公共数据开放与公共数据市场化配置间关系界定不清，影响公共数据市场化配置的规范展开。而理论界对公共数据市场化配置有偿使用模式的论证，为公共数据市场化配置的规范展开提供了理论支撑，同时也迎合了公共数据开发利用的发展趋势。“数据二十条”明确规定，“推动用于公共治理、公益事业的公共数据有条件无偿使用，探索用于产业发展、行业发展的公共数据有条件有偿使用”，[1]由此不难推出公共数据开发利用将以有偿使用为基本原则，仅在特定情况下可以免费使用，从而在国家政策层面明确了公共数据开发利用有偿模式的合理性。其次，基于主体差异确定数据利用定价模式。对于市场主体的数据利用行为采取有偿模式，由其支付相应对价。对于非市场主体的数据利用行为，采取免费获取模式。这种数据利用定价模式符合要素市场化配置的基本要求。公共数据市场化配置意在发挥市场配置资源的决定性作用，由市场力量推动公共数据的开发利用。以有偿方式展开公共数据开发利用

〔1〕 参见《中共中央、国务院关于构建数据基础制度更好发挥数据要素作用的意见》(2022年12月2日)。

顺应了市场决定数据资源配置的基本要求,也是完善公共数据要素报酬机制的现实需要。[1] 最后,提出了较为灵活的公共数据利用定价机制。与一般货物或者商品的利用具有特定性不同,公共数据的利用具有明显的场景化特征,在不同场景下,数据价值具有明显差异,由此导致公共数据利用价格也会出现较大区别。因此公共数据市场化配置难以采用统一的定价机制,而需要结合数据的自身属性及数据利用场景等因素综合确定数据价格。现行公共数据开发利用的定价模式则为完善公共数据市场化配置交易价格形成机制提供了参考借鉴。

第二,现行公共数据开发利用定价模式回应公共数据市场化配置价格生成机制存在局限性。一方面,现行公共数据开发利用定价模式是政府定价而非以市场定价。行政收费体现的是政府主导公共数据开发利用的定价策略,这种定价策略重点关注的是政府的公共服务职能,而非满足市场主体的数据利用需求。其在制度设计时沿用政府信息公开的收费模式,将其用于公共数据开放尚可有效运转,但用之规制公共数据市场化配置则显得不合时宜。另一方面,现行公共数据开放利用定价模式未能有效反映公共数据利用的市场供求关系。公共数据市场化配置以满足市场主体的数据利用需求为目标,其数据供给数量、质量及价格都应当能够反映数据要素市场的供求关系。换言之,公共数据市场化配置交易价格应当随着市场供求关系的变化出现上下波动。而无论是“成本 + 利润”还是“成本 + 溢价”等定价模式,都是基于行政性收费模式展开,具有一定的底线和上限,由此形成的授权利用价格机制过于僵化,缺乏足够的弹性和灵敏度,无法顺应公

〔1〕 参见洪银兴:《实现要素市场化配置的改革》,载《经济学家》2020 年第 2 期。

共数据市场化配置价格形成机制发展的现实需求。

第四节　公共数据市场化配置数据权益保障机制的局限性

公共数据市场化配置过程中涉及多方主体利益，现有的公共数据市场化配置规制实践过于关注对公共数据提供主体合法权益的尊重和维护，而忽视了对其他数据权利主体正当权益的保护，既未有效关照到自然人、法人及非法人组织的正当权益，也未全面虑及数据利用主体的合理的利益诉求。〔1〕 当前公共数据市场化配置数据权益保障机制建构的局限性主要表现在数据权益分配机制不健全和数据安全保障机制不完善。数据权益分配机制是从积极层面建构其他数据主体合法权益维护的制度方案，而数据安全保障机制则是从消极层面搭建其他数据主体利用保障的屏障。

一、数据主体权益分配机制不健全

数据作为新的生产要素的地位已经在国家政策层面得到确认，社会公众对之也达成了广泛共识。从保护数据所有者利益及深化收入分配制度改革的角度看，应当建立健全数据主体收益分配机制。对于数据主体而言，数据作为生产要素参与分配有助于实现以数据主体为核心的数据利益公平分配；对于政府而言，数据作为生产要素参与分配是政府为构建数字经济良好发展形态、促进社会收入分配公平及释放数据要素价值作出的制度安排，以不断深化收入

〔1〕 鉴于本书研究的重点，在此仅就与公共数据市场化配置直接相关的权益作以分析概括。

分配制度改革及社会公众对数据生产要素地位的认知。[1] 将数据作为生产要素参与收入分配是我国基于数字经济发展之于收入分配重大影响作出的理论创新,以从制度层面确保发展成果更加公平地惠及全体人民。这一制度安排将极大地促进大数据、人工智能及区块链等数字产业的快速成长,助力数字经济高质量发展。而且其对于丰富生产要素理论、劳动价值理论及收入分配理论也具有重要意义。[2] 数据要素报酬机制具有多维度含义:一是按照数据要素的投入决定报酬;二是按照数据要素的贡献决定报酬;三是按照数据要素的市场供求决定报酬。[3]

当前我国数据分配机制建构存在明显缺陷,其未能关照到包括自然人、法人及非法人组织等主体参与数据收益分配的诉求。从数据利用实践看,数据主体可以自己向市场主体提供数据也可以授权其他主体代为向市场主体提供数据。无论采取何种数据提供模式,数据主体均可基于数据授权利用获取相应收益。[4] 公共数据提供

---

〔1〕 参见操奇、孟子硕:《数据作为生产要素参与分配机制的几个问题》,载《福建论坛(人文社会科学版)》2020 年第 11 期。

〔2〕 参见操奇、孟子硕:《数据作为生产要素参与分配机制的几个问题》,载《福建论坛(人文社会科学版)》2020 年第 11 期。

〔3〕 参见洪银兴:《实现要素市场化配置的改革》,载《经济学家》2020 年第 2 期。

〔4〕 对于企业数据而言,数据企业可以通过市场化方式授权其他市场主体利用数据并获取相应收益,这一数据利用模式已经得到社会公众的广泛认同。但对于个人数据授权利用,尚需要从如下维度作出理论证成:一方面,这符合当前国家政策的基本精神。“数据二十条”规定,“推动数据处理者按照个人授权范围依法依规采集、持有、托管和使用数据……探索由受托者代表个人利益,监督市场主体对个人信息数据进行采集、加工、使用的机制”[参见《中共中央、国务院关于构建数据基础制度更好发挥数据要素作用的意见》(2022 年 12 月 2 日)]。由此不难看出,个人数据可以通过授权利用实现其经济价值。另一方面,这符合理论界对个人数据利用的基本认知。学者们认为可以将个人数据区分为“普通个人数据”与“敏感个人数据”,将前者配置给数据从业者与数据主体共同共有,后者仅配置给数据主体所有,个人数据交易只能交易个人数据使用权(参见黄锫:《大数据时代个人数据权属的配置规则》,载《法学杂志》2021 年第 1 期)。

主体通过特定平台向市场主体提供的数据中,既有其享有合法权益的数据也有其他数据主体享有正当权益的数据。从数据利用实施效果看,此时公共数据市场化配置模式在实质上构成了个人数据及企业数据的概括授权,即其他数据主体授权公共数据提供主体将其合法控制的个人数据和企业数据通过特定平台向市场主体提供,发挥其经济社会价值。个人数据及企业数据单独授权的高成本化及数据分散引发的数据质量低下,为采取此种授权模式奠定了理论基础。公共数据提供主体获取的授权利用收益中,既有基于公共数据利用产生的收益,也有基于对其他数据主体数据利用而产生的收益。但当前的公共数据市场化配置制度安排,对于其他数据主体能否基于公共数据市场化配置而获取收益并未作出明确规定,致使这些主体在主张数据权益时缺乏理论基础和制度支撑。这既损害了相关数据主体的合法权益,也影响了公共数据市场化配置的健康有序发展。

第一,这有违按要素分配的报酬分配机制的基本要求。党和国家明确肯定数据的生产要素地位,并要求将之落实到分配机制中,作为按要素分配的重要组成部分。由此明确肯定社会公众对其合法持有的数据要素享有合法权益,鼓励和支持社会公众积极将其控制的数据要素投入生产领域,并根据数据贡献和价值大小决定数据主体的报酬高低。个人数据和企业数据是数据要素的重要组成部分,相关数据主体可以基于发挥数据要素价值的目的将之投入生产领域,并获取相应报酬。现行公共数据市场化配置模型已然将公共管理和服务机构收集的个人数据和企业数据投入市场化配置之中,却并未按照数据价值向数据主体支付相应报酬。此种制度安排与我国要素分配机制的基本要求不相契合,难以彰显公平正义的要素分配理念和基本原则。

第二,这易于引发“与民争利”的争议。与民争利描述的是政府以及与政府有密切关联的群体借助公共权力的优势扩张自身的不恰当利益,并有意无意地压缩民众合理利益生长空间的现象。[1]公共数据市场化配置意在满足市场主体利用高质量数据的现实需求,最大限度地释放公共数据的经济社会价值,增加社会的财富总量。在公共数据市场化配置过程中对公共数据提供主体的利益关照过多,而忽视了对其他数据主体正当权益的尊重,未能基于这些数据主体提供数据的价值和贡献确立相应的要素分配机制。沿用现有的数据要素分配机制将不可避免地造成公共管理和服务机构获益过多而其他数据主体权益严重受损的局面,引发公共数据要素市场化配置是在与民争利的担忧。

第三,这影响公共数据市场化配置规范展开。公共数据市场化配置采用“原始数据不出域,数据可用不可见”的模式展开。公共数据提供主体把其收集的数据通过指定平台提供给市场主体,由其开发利用平台中的数据资源并形成数据产品。此时,其他数据主体提供的个人数据与企业数据也被置于该平台之中,数据主体已然失去通过市场交易获取许可费用的机会。其如果仍不能基于公共数据市场化配置获得相应收益,将会严重影响数据主体对于数据要素市场化配置的信心和提供公共管理和服务机构所需数据资源的积极性。换言之,数据主体可能明确要求不得将其在参与公共管理和公共服务过程中提供的数据以市场化方式对外提供,从而导致公共数据市场化利用缺失重要的数据资源,严重影响公共数据授权利用

---

〔1〕 参见吴忠民:《应走出与民争利的困境》,载《学习与探索》2015 年第 7 期。

的实施效果，也不利于数字经济的健康有序发展。

二、数据安全保障机制不完善

对于数据安全保障，现行法律已经作出相关规定，《数据安全法》规定，开展数据利用活动应当遵守法律、法规，尊重社会公德和伦理，遵守商业道德和职业道德，诚实守信，履行数据安全保护义务，不得危害国家安全、公共利益，不得损害个人、组织的合法权益。[1] 多数地方数据立法也明确要求公共数据开发利用不得损害国家利益、社会公共利益和第三方合法权益。[2] 但这些规定多是从宏观层面作出的制度安排，原则性有余而可操作性不强，难以为数据主体提供明确规范的指引，导致在公共数据市场化配置过程中，数据主体难以形成相对稳定的心理预期，制约数据安全保障机制效果的有效实现。

第一，对于数据主体而言，过于原则的制度安排难以为其数据权益保护形成有效的制度屏障。公共数据提供主体提供的数据中有其他数据主体享有合法权益的数据，一旦这些数据被市场主体非法获取并流入市场，将严重损害数据主体的人格尊严及财产权益。因已经获取相应的原始数据，市场主体可能不再主动寻求数据主体授权利用相关数据，由此损及其对相关数据市场的控制。更为严重的是，个人隐私数据的广泛传播可能给自然人人格利益造成不可挽回的损失。鉴于此，数据主体可能直接要求公共管理和服务机构不得将其参与公共管理和服务提供的数据进行市场化配置，进而影响

〔1〕 参见《中华人民共和国数据安全法》(2021 年 6 月 10 日第十三届全国人民代表大会常务委员会第二十九次会议通过)第 8 条。

〔2〕 参见《广东省公共数据管理办法》(2021 年广东省人民政府令第 290 号)第 35 条第 2 款。

公共数据市场化配置制度价值的有效释放。

第二,对于公共数据提供主体而言,基于规避数据安全风险的考量可能放弃或者限制公共数据市场化配置。现行数据立法以数据安全作为数据开发利用的底线,但对于数据安全底线未作出明确规定,也未对不同类型的数据开发利用行为需要遵循的基本要求作出详细界定,由此导致公共数据市场化配置中的数据安全维护缺乏必要的操作指南。在公共数据开放领域,有的地方数据立法已经就不同类型公共数据的开放属性及开放属性间的转换途径作出明确规定。如浙江省公共数据开放立法规定公共数据可分为无条件开放类、受限开放类及禁止开放类三种类型,并为各类开放属性下的数据作出较为明确的范围界定。基于特定情况,不同数据的开放属性可以进行相应转换,禁止开放类公共数据依法进行脱敏脱密等技术处理后符合开放条件的,可以列为无条件开放类或者受限开放类公共数据。[1] 禁止开放类数据中涉及商业秘密、个人隐私的公共数据不开放将会对公共利益造成重大影响的,可被列为无条件开放类或者受限开放类公共数据。[2] 就推动公共数据市场化配置角度而言,在"原始数据不出域,数据可用不可见"的安全环境下,可以允许公共管理和服务机构将其在履行职责过程中收集的数据向市场主体提供,支持数据利用主体开发利用公共数据,形成数据产品。这就需要为公共数据提供主体设置明确的数据质量免责机制。现行公共数据市场化配置法治保障机制尚未建构规范的公共数据提供主体数据质量免责机制,导致公共数据提供主体在公共数据市场

---

〔1〕 参见《浙江省公共数据开放与安全管理暂行办法》(2020 年浙江省人民政府令第 381 号)第 14 条第 2 款。

〔2〕 参见《浙江省公共数据开放与安全管理暂行办法》(2020 年浙江省人民政府令第 381 号)第 14 条第 3 款。

化配置过程中畏手畏脚，影响公共数据授权利用活动的有序展开。

第三，对于数据利用主体而言，数据安全方面的原则性规定导致公共数据提供主体为其设置烦琐的注意义务，导致数据利用主体无法按照场景需求开发利用公共数据。在公共数据开放过程中，公共管理和服务机构要求社会公众遵循合法正当原则利用公共数据，及时向公共数据提供主体反馈数据利用情况并接受公共数据提供主体的跟踪和监管。[1] 面对烦琐的数据安全注意义务，数据利用主体因担心发生不可预知的数据安全风险，可能选择放弃数据开发利用或者减少数据开发利用规模。为提升数据利用主体的积极性、提高公共数据利用效率，在公共数据市场化配置过程中有必要为数据利用主体设置宽松的数据安全义务识别机制，以事后的信用惩戒代替事先的注意义务则是可资参考的制度方案，从而为数据利用主体松绑，提供公共数据开发利用的质量和效率。有关数据利用主体信用惩戒机制的论述，详见下文。

---

〔1〕 参见《上海市公共数据开放暂行办法》（2019 年上海市人民政府令第 21 号）第 23 条第 2 款、第 25 条第 1 款、第 27 条第 1 款。

第四章　公共数据市场化配置法治保障机制建构的域外借鉴

我国公共数据市场化配置基于公共数据的生产要素属性展开，主要依靠国家政策推动公共数据开发利用有效实施。域外主要国家在公共数据开发利用层面已经形成较为成熟的政策法律体系，并以公共数据开放为基础推动落地实施。对域外主要国家公共数据开放实践进行深入检视、省思其公共数据开发利用实践的有益经验，可以更为直观地展现公共数据利用的国际实践，为我国公共数据市场化配置法治保障机制建构提供参考借鉴。尽管公共数据开放与公共数据市场化配置间存在一定差异，但这并未影响我们借鉴域外国家实践建构我国公共数据市场化配置法治保障机制。二者都是以公共数据开发利用为基础展开的实践活动，都需要法律政策保障实施，在具体制度及实践层面也具有诸多相似的制度安排，这为我们借鉴域外国家公共数据开放实践建构我国公共数据市场化配置法治保障机制奠定了基础。接下来以公共数据概念范畴、公共数据开放基本原则、公共数据权属配置、公共数据开放实现机制及数据主体权益保障机制为观察视角,详细分析域外国家公共数据开放的基本实践、公共数据开放制度建设特点及其对我国公共数据市场化配置法治保障机制建构的启示。

第一节　域外国家公共数据开放法治保障机制建构实践概览

本书选取美国、英国、日本及韩国等国家为研究对象,以公共数据概念范畴、公共数据开放基本原则、公共数据权属配置、公共数据开放实现机制及数据主体权益保障机制为观察视角,对其公共数据开放实践进行分析检视。

一、美国公共数据开放实践概览

美国是世界上公共数据开放程度最高的国家之一,经过长期实践已经形成较为完整的公共数据开放法律政策体系。1789 年的《管家法》对联邦政府政务公开作出初步要求。1946 年的《联邦行政程序法》要求联邦行政机构必须让公众能够获取其行政资料。由于受到政府层面的抵制,这两项法律并未得到有效实施。1966 年的《信息自由法》、1974 年的《隐私权法》及 1977 年的《阳光下的政府法》共同支撑了美国公共数据开放的突破性发展。其对于规范公民个人隐私保护及推动政府信息公开发挥至关重要的作用。经由 1996 年的《电子信息自由法》、2009 年的《开放政府指令》、2013 年的《开放政府政策》、2014 年的《开放数据行动计划》及 2019 年的《开放政府数据法》等法律政策的持续推进,美国的公共数据开放框架体系不断发展完善。

(一)公共数据概念界定

公共数据是任何州级单位或者地方政府依据《信息自由法》等法律履行公务职责时收集的数据。[1] 从其范围看,政府可开放数据包括农业、商业、气候、水文、生态系统、消费者、教育、能源、金融、健康、地方政府、制造业、海洋、公共安全、科学研究、住房、劳动、公共卫生、经济发展、交通运输、地理科学及建筑物等主题。[2]

(二)公共数据开放基本原则

美国在公共数据开放方面形成了较为成熟的经验,确立了推动公共数据开放有效展开的基本原则。

第一,公开原则。除基于隐私、保密及安全等事项不得开放之外,公共机构应当在法律规定范围内开放其控制公共数据。[3] 基于公开原则,美国对公共数据开放设置有严格要求:首先,明确限定可开放数据范围。基于"开放为原则,不开放为例外"的公共数据开放模式,公共机构需要向社会公众提供其记录的数据。其次,公共机构应当全面主动公开数据。公共数据一经产生即默认是开放的,非经法律规定不得设置开放限制,并确保其易于查找,获取和利

〔1〕 参见赵润娣:《美国开放政府数据范围研究》,载《中国行政管理》2018 年第 3 期。

〔2〕 参见赵润娣:《美国开放政府数据范围研究》,载《中国行政管理》2018 年第 3 期。

〔3〕 See "Open Data Policy-Managing Information as an Asset", https://obama whitehouse. archives. gov/sites/default/files/omb/memoranda/2013/m - 13 - 13. pdf, January 24, 2023.

用。[1] 最后,公共数据开放应当保护其他主体正当权益。公共机构开放公共数据应当保护个人隐私、国家安全及公民自由。[2]

第二,质量原则。数据质量原则主要包括如下维度内容:首先,开放的数据应当是原始数据。公共机构应当以满足法律或者政策要求的最佳颗粒度提供原始数据。[3] 其次,数据应当具有可机读性。公共数据在整个生命周期内应当以资产形式进行管理,确保其复用性和开放性,并在可能的和法律允许的情况下便于以查找、访问和使用的方式向公众发布。[4] 最后,公共数据应当具有可重复利用价值。公共数据应当以开放许可形式向符合条件的主体开放,不得设置歧视性或者限制性条件。[5]

第三,及时原则。政府数据应当根据需要尽早公开,以充分发挥数据价值。数据发布频率应当考虑关键受众和下游用户的实际需求。[6] 此外,政府数据应当以方便、可修改和开放的形式提供,

---

〔1〕 See "Executive Order—Making Open and Machine Readable the New Default for Government Information", https://obamawhitehouse. archives. gov/the-press-office/2013/05/09/executive-order-making-open-and-machine-readable-new-default-government, January 24, 2023.

〔2〕 See "The Open Government Partnership Fourth Open Government National Action Plan For The United States Of America", https://open. usa. gov/assets/files/NAP4 – fourth-open-government-national-action-plan. pdf, January 24, 2023.

〔3〕 See "Open Data Policy-Managing Information as an Asset ", https://obamawhitehouse. archives. gov/sites/default/files/omb/memoranda/2013/m – 13 – 13. pdf, January 24, 2023.

〔4〕 See "Executive Order—Making Open and Machine Readable the New Default for Government Information", https://obamawhitehouse. archives. gov/the-press-office/2013/05/09/executive-order-making-open-and-machine-readable-new-default-government, January 24, 2023.

〔5〕 See "Executive Order—Making Open and Machine Readable the New Default for Government Information", https://obamawhitehouse. archives. gov/the-press-office/2013/05/09/executive-order-making-open-and-machine-readable-new-default-government, January 24, 2023.

〔6〕 See "Open Data Policy-Managing Information as an Asset ", https://obamawhitehouse. archives. gov/sites/default/files/omb/memoranda/2013/m – 13 – 13. pdf, January 24, 2023.

以便于社会公众检索、下载和索引。[1]

第四,参与原则。美国积极鼓励社会公众参与数据产品开发实践,通过设置各类竞赛或者实践项目,为各类主体参与挑战和有奖竞赛提供机会,以为数据开放关键问题提供解决方案,推动公共数据开发利用深入展开。[2]

(三)公共数据权属配置

美国公共数据开放立法并未明确公共数据的权属配置关系。其将公共数据作为一项资产,即公共数据资产是联邦政府维护的已经或者可能向社会公众发布的全部或者部分数据资产。[3]

(四)公共数据开放实现机制

公共数据应当以开放许可协议形式免费向社会公众提供,不得对社会公众的复制、出版、分发、传播等数据利用行为设置歧视性限制。[4]

(五)公共数据开放数据主体权益保障机制

美国公共数据开放尤为重视对个人隐私的保护,通过相应制度安排推动个人数据的利用与保护。

第一,形成完整的个人隐私保护法律体系。美国通过《隐私法》《健康保险便携性和责任法案》《金融服务现代化法》《儿童线上隐私保护法》《金融隐私权法》《家庭教育权利及隐私法》等法律,构建了涵盖儿童隐私,金融、保险、电信等领域的个人隐私保护法律

---

〔1〕 See "Open Data Policy-Managing Information as an Asset ", https://obamawhitehouse.archives.gov/sites/default/files/omb/memoranda/2013/m-13-13.pdf, January 24, 2023.

〔2〕 See About Challenge, Gov, https://www.challenge.gov/, January 24, 2023.

〔3〕 See Open, Public, Electronic, and Necessary Government Data Act. Sec. 202(a)(22), https://www.congress.gov/bill/115th-congress/house-bill/4174/text, January 26, 2023.

〔4〕 See Open, Public, Electronic, and Necessary Government Data Act. Sec. 202(a)(22), https://www.congress.gov/bill/115th-congress/house-bill/4174/text, January 26, 2023.

体系。

第二,建立法律政策监管与行业自律相结合的隐私保护模式。2019 年的《开放政府数据法》明确要求公共数据开放应当关注个人隐私与数据安全,既要考虑单条数据是否引发隐私及数据安全风险,也要关注单条数据与其他数据相关结合是否会引发隐私及数据安全风险。[1] 在 1997 年的《全球电子商务发展框架》中,美国政府明确提出与主要贸易伙伴合作,支持产业界开发隐私解决方案和市场驱动的隐私保护机制,确保不同地区的隐私政策不会阻碍互联网数据流动。[2] 美国通过这项框架协议首次明确提出了网络隐私保护原则,并强调私营企业在网络隐私保护中的主导作用及政府支持私营部门自我规范的隐私保护原则。[3]

第三,建构个人隐私风险评估机制。重点从明确个人隐私范围、公共数据开放中个人隐私排除,隐私风险去识别化及隐私去识别化标准等维度展开。根据《消费者隐私权利法》之规定,个人数据是为本法所涵盖实体控制的数据,其可以直接关联到特定自然人,或者与涵盖实体相关的重要事项能够关联到特定自然人,或者通过与自然人有联系或者常用的设备可以关联到特定自然人,而社会公众一般无法通过合法途径获得这些数据。[4] 通过建立隐私风

---

〔1〕 See Open, Public, Electronic, and Necessary Government Data Act. Sec. 202(b)(3)(A)(B), https://www.congress.gov/bill/115th-congress/house-bill/4174/text, January 26, 2023.

〔2〕 See Framework for global electronic commerce, https://clintonwhitehouse4.archives.gov/WH/New/Commerce/read.html, January 24, 2023.

〔3〕 参见王少辉、印后杰:《基于政府管理视角的大数据环境下个人信息保护问题研究》,载《中国行政管理》2015 年第 11 期。

〔4〕 See Consumer Privacy Bill of Rights Act. Sec. 4(a), https://obamawhitehouse.archives.gov/sites/default/files/omb/legislative/letters/cpbr-act-of-2015-discussion-draft.pdf, January 26, 2023.

险评估模型,美国从制度层面确立了个人数据收集、使用、分享和保存应当遵循基本原则。[1] 并通过发布个人可识别信息机密性保护指引,指导联邦部门及其外包单位展开个人信息保护。[2] 整体而言只有将包括姓名、地理信息、电话号码、电子邮箱地址、生物识别信息等在内的 18 种信息从个人信息中移除,方可达到个人信息去识别标准。[3]

第四,设置公民参与隐私保护机制。通过消费者隐私权利法案等法律为自然人参与隐私保护提供较为完整的方案。这些法律明确了自然人控制个人数据处理的合理方式,其包括但不限于合理地访问、理解、使用、在合理的时间和以合理方式决定同意对其个人数据的处理以及撤回同意。[4]

二、英国公共数据开放实践概览

英国是政府数据开放的领导者,也是世界上公共数据开放程度最高的国家之一。英国通过 2009 年的《迈向第一线:更聪明的政府》、2010 年的《英国政府许可框架》、2012 年的《公共数据原则》《开放标准原则》、2014 年的《英国开放数据路线图 2015》等政策文件,以及 1998 年的《数据保护法》、2000 年的《信息自由法》、2012

---

[1] See Privacy Impact Assessments, https://www.state.gov/privacy-impact-assessments-privacy-office/, January 26, 2023.

[2] See Guide to Protecting the Confidentiality of Personally Identifiable Information, https://www.nist.gov/publications/guide-protecting-confidentiality-personally-identifiable-information-pii, January 26, 2023.

[3] See Health Insurance Portability and Accountability Act of 1996 (HIPAA), https://aspe.hhs.gov/reports/health-insurance-portability-accountability-act – 1996, January 26, 2023.

[4] See Consumer Privacy Bill of Rights Act, Sec. 102. (a)(b)(c), https://obamawhitehouse.archives.gov/sites/default/files/omb/legislative/letters/cpbr-act-of – 2015 – discussion-draft.pdf, January 26, 2023.

年的《自由保护法》、2015 年的《公共部门信息再利用条例》等法律，建构了较为完整的公共数据开放政策法律体系。

（一）公共数据概念界定

公共数据，是公共部门提供公共服务过程中收集或者产生的数据，其是支撑作出公共决策、实施和评估公共服务的重要基础。[1] 英国公共数据开放已经形成较为成熟的体系，目前已经形成涵盖商业和经济、政府、城市和城镇、犯罪与司法、政府开支、交通、国防、健康、数字服务性能、教育、地图、政府参考数据、环境及社会等在内的数据开放门类，[2] 每个门类项下又包括许多小的子项，如在环境项下包括天气、洪水、河流、空气质量、地质和农业等子项。

（二）公共数据开放基本原则

英国公共数据开放遵循的基本原则，随着开放实践的不断发展、丰富和完善，形成了多元的数据开放基本原则。2010 年公布的公共数据基本原则明确将机器可读性，可重复利用性，及时性，细粒度，便于通过单一的、易于使用的在线接入点获得和查找等作为公共数据开放的基本原则。[3] 2013 年又将开放数据宪章确立的默认开放原则、质量与数量原则、数据面向所有人使用及开放、数据推动

---

〔1〕 See open data white paper Unleashing the potential, https://assets. publishing. service. gov. uk/government/uploads/system/uploads/attachment _ data/file/78946/CM8353 _ acc. pdf, January 26, 2023.

〔2〕 See https://www. data. gov. uk/, January 26, 2023.

〔3〕 See Public Sector Transparency Board: Public Data Principles, https://assets. publishing. service. gov. uk/government/uploads/system/uploads/attachment _ data/file/665359/Public-Data-Principles_ public _ sector _ transparency _ board. pdf #: ~ : text = Public% 20Sector% 20Transparency% 20Board% 3A% 20Public% 20Data% 20Principles% 20The, data% 20is% 20released% 20when% 20and% 20in% 20what% 20form, January 26, 2023.

政府治理和促进创新五项原则作为公共数据开放的基本原则。[1] 2015 年的《国家信息基础设施实施文件》对公共数据开放原则作出部分调整,增加了数据安全、以用户为中心、便于管理、可靠、灵活性、互联使用等原则。[2]

(三)公共数据权属配置

英国公共数据开放立法并未明确公共数据的权属配置关系,而是规定公共数据这类公共资产应当为全体社会公众使用。[3]

(四)公共数据开放实现机制

公共数据开放主要以开放许可形式实现。英国国家档案馆设置的政府数据开放许可框架为公共数据开放许可设置了开放许可、非商业性政府许可和收费许可三种授权模式,而开放许可模式是其推荐使用的许可模式。[4] 基于该项许可模式,社会公众将获得一项全球范围的、免版税的、永久的、非排他性的许可,可以复制、发布、传播、调整信息,以及以商业或者非商业方式利用资讯等。[5]

公共数据开放以免费使用方式向社会公众提供数据。英国政府认为,从交易角度看,社会公众通过纳税已经为公共数据的产生

---

〔1〕 See G8 Open Data Charter, https://assets. publishing. service. gov. uk/government/uploads/system/uploads/attachment_data/file/207772/Open_Data_Charter. pdf, January 26, 2023.

〔2〕 See The National Information Infrastructure (NII) Implementation Document (March 2015), https://assets. publishing. service. gov. uk/government/uploads/system/uploads/attachment_data/file/416472/National_Infrastructure_Implementation. pdf, January 26, 2023.

〔3〕 See Open letter from ODUG to the new Government June 2015, https://odug. org. uk/wp-content/uploads/2015/06/ODUG_Letter_to_the_new_Government. pdf, January 26, 2023.

〔4〕 See UK Government Licensing Framework For Public Sector Information, https://cdn. nationalarchives. gov. uk/documents/information-management/uk-government-licensing-framework. pdf, January 26, 2023.

〔5〕 See Open Government Licence forPublic SectorIinformation, https://www. nationalarchives. gov. uk/doc/open-government-licence/version/3/, January 26, 2023.

支付了费用,政府应当免费向社会公众提供公共数据。[1]

(五)公共数据开放数据主体权益保障机制

英国公共数据开放实践对个人数据特别是个人隐私保护设置有较为系统的制度安排,形成相对完整的保护框架。

第一,明确个人数据范围。根据《数据保护法》规定,个人数据是可识别活着的自然人的数据组合。隐私数据是涉及个人种族起源、政治观点、宗教信仰、身体及精神健康状况等方面的信息。[2]

第二,明确要求公共数据开放必须保护个人隐私及其他正当权益。根据《公共部门信息再利用条例 2015》规定,未经许可不得使用包含个人数据、国家安全、国防或者公共安全、统计机密或者商业机密的文件。[3] 《数据保护法》明确了个人数据处理必须遵循的基本原则,包括合法正当原则,数据收集应当场景特定、明确及合法,数据处理应与处理目的相关且不得超过处理目的的必要限度,数据处理应当准确、必要,个人数据保存期限不得超过数据处理所需时间,数据处理必须保障数据安全。[4]

第三,设置公共数据开放隐私影响评估制度。英国通过持续的制度建构,已经在公共数据开放隐私影响评估方面形成完整的政策体系。根据《隐私影响评估实施守则》之规定,公共数据开放隐私影响评估需要遵循如下流程:确定隐私影响评估需求,数据机构描

[1] See Putting the Frontline First: Smarter Government, https://assets.publishing.service.gov.uk/government/uploads/system/uploads/attachment_data/file/228889/7753.pdf, January 26, 2023.

[2] See The Data Protection Act 1998, https://www.legislation.gov.uk/ukpga/1998/29/contents, January 26, 2023.

[3] See The Re-use of Public Sector Information Regulations 2015, https://www.legislation.gov.uk/uksi/2015/1415/contents/made, January 26, 2023.

[4] See The Data Protection Act 2018, https://www.legislation.gov.uk/ukpga/2018/12/contents, January 26, 2023.

述信息处理过程是否存在隐私风险,数据机构识别数据隐私及相关风险,确定隐私风险解决方案,签署并记录隐私影响评估结果,将隐私影响评估成果纳入项目计划。[1]

三、日本公共数据开放实践概览

与欧美等国家相比,日本的公共数据开放开始的相对较晚。2011 年的大地震是推动日本实施公共数据开放的重要事件。鉴于地震救灾及灾后重建面临的重重困难,日本政府意识到数据收集和利用的重要性,遂开始启动公共数据开放工作。[2] 通过 1999 年的《行政机关信息公开法》、2003 年的《行政机关所持有个人信息保护法》、2012 年的《数字行政开放数据战略》、2013 年的《为促进数字行政开放数据的发展战略》《开放数据宪章》、2016 年的《推进官民数据利用基本法》、2017 年的《开放数据基本指南》及 2019 年的《数字政府实施计划》等政策法律,形成了较为完善的公共数据开放制度体系。

(一)公共数据概念界定

公共数据是在国家、地方政府和企业拥有的公共和私营部门数据中以适于商业或者非商业目的二次开发利用、适于机器读取及可免费使用的数据。[3] 其既包括政府拥有的数据,也包括行政法人、

---

〔1〕 See conducting privacy impact assessments code of practice, https://ico.org.uk/media/about-the-ico/consultations/2052/draft-conducting-privacy-impact-assessments-code-of-practice.pdf, January 26, 2023.

〔2〕 参见陈美:《日本开放政府数据分析及对我国的启示》,载《图书馆》2018 年第 6 期。

〔3〕 参见梅傲、柯晨亮:《日本开放数据利用模式分析及其启示》,载《现代情报》2022 年第 3 期。

非政府组织及民间团体的数据。[1] 日本可开放的公共数据至少包括土地与气象、人口与家庭、劳动力与薪资、农业畜产与渔业、矿业与制造业、国内消费与服务、住宅与土地、商业金融与经济、能源与水资源、教育文化与运动、运输与观光、通讯科技、社会安全与保险、政府行政与财政、司法与环境、国际贸易等类型。[2]

（二）公共数据开放基本原则

日本公共数据开放遵循可机读性、扩大开放范围、鼓励社会参与等基本原则。

第一，可机读性原则。公共数据开放应当以适于机器读取的方式提供数据，以提高数据利用效率。日本政府通过建构通用词汇系统，把相似词、重复词以及不同领域拥有不同含义的词语在概念上实现统一，以实现数据用语的一致性，降低数据可机读困难。[3]

第二，扩大开放范围原则。日本于 2013 年签署了《开放数据宪章》，该项宪章规定了默认开放原则，质量与数量原则，数据面向所有人使用，开放数据推动政府治理和促进创新五项原则。[4] 这对于指导日本公共数据开放具有重要意义。日本政府要求各府厅以及其他行政单位应当将其持有的数据全部提供给社会公众。[5]《开放数据指南》明确要求向社会公众提供公共数据，对于开放后可能产生消极影响的数据，可在对数据利用主体、数据利用目的及

〔1〕 参见梅傲、柯晨亮：《日本开放数据利用模式分析及其启示》，载《现代情报》2022 年第 3 期。

〔2〕 参见陈美：《日本开放政府数据分析及对我国的启示》，载《图书馆》2018 年第 6 期。

〔3〕 参见黄雨婷、傅文奇：《日本政府数据开放的政策保障及其启示》，载《数字图书馆论坛》2020 年第 9 期。

〔4〕 参见陈美：《日本开放政府数据分析及对我国的启示》，载《图书馆》2018 年第 6 期。

〔5〕 参见黄雨婷、傅文奇：《日本政府数据开放的政策保障及其启示》，载《数字图书馆论坛》2020 年第 9 期。

范围等作出必要限定的前提下逐步向社会开放。对于限定开放的数据应当向社会公众说明限定开放的目的与原因,对于不予开放的数据应当向社会公众公布无法开放的原因。[1]

第三,鼓励社会参与原则。日本政府高度重视提高地方政府,企业家、公益家和独立行政法人等社会力量参与公共数据开放的积极性。首先,通过《推进官民数据利用基本法》为地方政府实施公共数据开放设定明确要求,并通过一系列政策为地方政府实施公共数据开放提供具体指导,派出专家为地方政府提供需求分析、项目执行及人才培养等方面支持。[2] 其次,鼓励企业家及独立行政法人参与公共数据开放。特别要求享受国家资助的独立行政法人、高校等组织以及涉及电器、传媒、交通等公共事业领域的企业家参与公共数据开放活动。[3] 最后,公共数据开放机关定期邀请公共数据利用主体参加相关数据开放政策会议,为其参与公共数据开放政策制定提供机会。[4]

(三)公共数据权属配置

根据日本《开放政府数据战略》的规定,公共数据是全民所有的资产。[5] 这为日本推进公共数据开放奠定了制度基础。日本不断扩大公共数据开放范围也是基于公共数据全民所有的基本共识,以及确保公共数据开放服务于社会的初衷。

---

〔1〕 参见黄雨婷、傅文奇:《日本政府数据开放的政策保障及其启示》,载《数字图书馆论坛》2020 年第 9 期。

〔2〕 参见黄雨婷、傅文奇:《日本政府数据开放的政策保障及其启示》,载《数字图书馆论坛》2020 年第 9 期。

〔3〕 参见黄雨婷、傅文奇:《日本政府数据开放的政策保障及其启示》,载《数字图书馆论坛》2020 年第 9 期。

〔4〕 参见梅傲、柯晨亮:《日本开放数据利用模式分析及其启示》,载《现代情报》2022 年第 3 期。

〔5〕 参见陈美:《日本开放政府数据分析及对我国的启示》,载《图书馆》2018 年第 6 期。

(四)公共数据开放实现机制

日本公共数据开放实现机制在数据利用模式、数据开放收费方式及数据开发利用协议等方面具有一定的特点。

第一,公共数据利用形成了以公益、商业和行政为基础的"三驾马车"。日本政府通过《电子政务开放数据战略》《促进电子政务开放数据路线图》《推进官民数据利用基本法》《开放数据基本指南》等文件确立了公共数据开放的基本实现模式。首先,保持公共数据开放的公益性初衷,鼓励和支持社会公众以公益目的开发利用公共数据。其次,借助对公共数据的精细化分析提升行政效率。利用公共数据开放形成的数据产品减轻行政工作人员负担,以及为地方官员制定政策提供依据。最后,支持利用公共数据开放激活商业创新和经济活力。越来越多的私人企业开始以商业目的利用公共数据,或者在提供公共服务的同时顺带获取经济利益。企业开发的数据应用在提高数据可用性的同时,也为其通过广告和商业推广获取利益奠定了基础。[1] 目前公共数据开放中公益性使用仍占据主导地位,而商业模式具有明显的发展趋势,其服务行政工作的能力尚需持续挖掘和拓展。

第二,公共数据利用形成了有偿使用与免费使用相结合的费用支付方式。基于公益目的利用公共数据一般是免费使用。但并非所有的公共数据都可以免费获取,对于部分数据仍需要以有偿方式使用,但公共数据提供主体需要采取必要措施降低数据利用费用。[2]

---

〔1〕 更多有关日本公共数据利用模式的论述,参见梅傲、柯晨亮:《日本开放数据利用模式分析及其启示》,载《现代情报》2022 年第 3 期。

〔2〕 参见黄雨婷、傅文奇:《日本政府数据开放的政策保障及其启示》,载《数字图书馆论坛》2020 年第 9 期。

第三,公共数据开放以知识共享协议方式提供数据。2013 年上线的政府数据开放平台采用的是知识共享许可 2.1 版,该平台包括 21 个政府组织和 567 个团体发布的数据。[1]

(五)公共数据开放数据主体权益保障机制

日本在公共数据开放过程中建立了相对完整的公共数据开放权益保障机制,以保障数据利用主体及自然人等主体的合法权益。

第一,限定公共数据的开放范围。日本在拓展可开放数据范围的同时,也为涉及个人隐私、危害国家安全及侵害个人利益数据的开放设置有明确的限制性条件,允许公共机构不对外开放此类数据。从而在消极层面建构自然人、法人及非法人组织权益保护法律机制。[2]

第二,提高公共数据供给质量。日本政府积极采取措施提高公共数据供给质量,满足数据利用主体的现实需求。一方面,强化匿名信息的处理质量。通过明确匿名信息的认定标准及其生成方法,尽可能降低因个人隐私给公共数据质量造成的困扰。[3] 另一方面,及时回应数据利用主体利用需求。通过建立公共数据提供主体与数据利用主体双向互动的数据利用模式,及时了解数据利用主体的现实需求,提高公共数据供给的针对性。[4]

第三,建立个人隐私保护机制。日本在公共数据开放过程中建立了较为完整的个人隐私保护机制。首先,加强个人隐私保护立

---

〔1〕 参见陈美:《日本开放政府数据分析及对我国的启示》,载《图书馆》2018 年第 6 期。

〔2〕 参见黄雨婷、傅文奇:《日本政府数据开放的政策保障及其启示》,载《数字图书馆论坛》2020 年第 9 期。

〔3〕 参见陈美、梁乙凯:《日本开放政府数据中的隐私风险控制研究》,载《情报资料工作》2021 年第 5 期。

〔4〕 参见梅傲、柯晨亮:《日本开放数据利用模式分析及其启示》,载《现代情报》2022 年第 3 期。

法。通过《个人信息保护法》明确了国家及地方政府的责任义务、个人信息处理运营者的义务及个人信息保护委员会的职责。通过持续制定完善《行政机构所持有个人信息保护法》《独立行政机构等持有个人信息保护法》《行政程序中为识别特定个人的编号利用法》及制定地方公共团体个人信息保护条例等,建成了涵盖国家行政机关、独立行政机构及地方公共团体的公共数据开放责任义务体系。[1] 其次,明确公共数据开放中的个人隐私判断标准。通过明确个人信息、个人敏感信息及匿名信息的范围,从法律层面厘定了个人隐私的基本范畴,并界定了公共数据开放平台的隐私政策,确保个人和公司的权益及国家安全等不会因公共数据开放遭受损害。[2] 最后,建立个人隐私风险应对机构。基于《个人信息保护法》成立的个人信息保护委员会是隐私风险应对的专门机构,其可以对个人信息处理主体或者匿名信息处理情况提交报告、展开检查、指导或者建议,以及提出劝告和命令。如其可以基于保护个人权利或者利益,对存在侵害个人重大权益的行为,直接命令个人信息处理者采取中止或者改正违法行为的必要措施。[3]

四、韩国公共数据开放实践概览

韩国通过2011年的《个人信息保护法》《个人信息保护法的执行令》、2013年的《公共数据供给与利用促进法》《政府机关开放公

〔1〕 参见陈美、梁乙凯:《日本开放政府数据中的隐私风险控制研究》,载《情报资料工作》2021年第5期。

〔2〕 参见陈美、梁乙凯:《日本开放政府数据中的隐私风险控制研究》,载《情报资料工作》2021年第5期。

〔3〕 参见陈美、梁乙凯:《日本开放政府数据中的隐私风险控制研究》,载《情报资料工作》2021年第5期。

共数据义务条例》《官方信息公开法》、2017 年的《公共数据开放标准》等法律政策，建立了较为完整的公共数据开放制度框架体系。

（一）公共数据概念界定

公共数据是公共机构为法律规定目的创建、获取和管理的任何数据，包括以光学或者电子形式处理的数据库和电子文件。[1] 根据数据开放网站公示的信息，韩国已经公开的数据包括公共管理、技术、教育、运输、土地管理、农业、文化、法律、卫生保健、福利、工业就业、食品卫生、灾难安全、金融、外交安全及气候等类别。[2]

（二）公共数据开放基本原则

韩国公共数据开放遵循如下基本原则：(1)公共机构应当确保任何人都能够方便地使用公共数据，并采取必要措施促进数据得到普遍使用。(2)公共机构应当保障公民平等地获取使用公共数据。(3)公共机构不得阻碍公众使用通过信息和通信网络披露的公共数据，包括限制或者阻止用户访问，但法律另有规定的除外。(4)公共机构不得禁止或者限制为获取利益而使用公共数据，但其他法案另有规定的除外。(5)用户应当认真诚实使用公共数据，并遵守法规和使用条款设定的义务，以免侵犯公共利益(国家安全)或者他人合法权利。[3]

---

〔1〕 See Act on Promotion of The Provision and Use of Public Data, https://elaw.klri.re.kr/eng_mobile/viewer.do?hseq=47133&type=part&key=4#:~:text=The%20purpose%20of%20this%20Act%20is%20to%20prescribe,of%20such%20public%20data%20in%20the%20private%20sector, January 26, 2023.

〔2〕 See https://www.data.go.kr/en/index.do, January 26, 2023.

〔3〕 See Act on Promotion of The Provision and Use of Public Data, https://elaw.klri.re.kr/eng_mobile/viewer.do?hseq=47133&type=part&key=4#:~:text=The%20purpose%20of%20this%20Act%20is%20to%20prescribe,of%20such%20public%20data%20in%20the%20private%20sector, January 26, 2023.

（三）公共数据权属配置

韩国公共数据开放法律政策并未明确公共数据的权属配置关系，但其明确要求公共机构向社会公众提供公共数据，支持社会公众开发利用公共数据。

（四）公共数据开放实现机制

韩国公共数据开放以开放许可方式实施。社会公众可以免费使用公共数据。公共数据开放许可设置有四种快速识别数据使用条件和限制的标识，分别为署名许可、署名非商业许可、署名非演绎许可及署名非商业非演绎许可。[1]

（五）公共数据开放数据主体权益保障机制

第一，明确个人数据范围。个人数据是与活着的自然人相关的全名、居民登记号、图像等识别特定个人的信息，以及与其他信息相结合能够识别特定自然人的信息。而个人敏感信息则包括意识形态、信仰、加入或退出工会或者政党、政治观点、健康、性生活，以及其他可能显著威胁数据主体隐私的个人信息。[2]

第二，明确公共数据开放不得提供的数据范围。在公共数据开放过程中不得公开《官方信息法》禁止提供的信息，[3]如包含姓名、居民登记号等的个人信息，被归入机密信息或者保密信息的数据等，涉及国家安全、国防、统一、外交关系的信息等。[4]

---

〔1〕 See Use Terms Guide for Korea Open Government License (KOGL), https://www.kogl.or.kr/info/licenseTypeEn.do, January 26, 2023.

〔2〕 See Personal Information Protection Act, https://elaw.klri.re.kr/kor_service/lawView.do?lang=ENG&hseq=53044, January 26, 2023.

〔3〕 See Personal Information Protection Act, https://elaw.klri.re.kr/kor_service/lawView.do?lang=ENG&hseq=53044, January 26, 2023.

〔4〕 See Official Information Disclosure Act, https://elaw.klri.re.kr/eng_service/lawView.do?lang=ENG&hseq=29982, January 26, 2023.

第三，设置隐私影响评估机制。韩国的隐私影响评估机制主要规定在《个人信息保护法》《个人信息保护法的执行令》之中，主要包括隐私影响评估的适用情形，隐私影响评估包含的内容及注意事项，隐私影响评估实施主体及隐私影响评估实施标准等内容。[1]

第二节　域外国家公共数据开放法治保障机制的基本特点

梳理域外国家公共数据开放法治保障建构实践可知，其通过持续的制度改进已经形成较为完整的公共数据开放法治保障体系。对其基本特点的归纳概括，有助于进一步加深对域外国家公共数据开放法治实践的认知，为我国公共数据市场化配置法治保障机制建构提供参考借鉴。

一、重视公共数据开放制度体系建设

域外发达国家较为重视公共数据开放制度体系建设，从政策及法律维度建构了较为完整的公共数据开放制度体系。

一是通过制定公共政策推动公共数据开发利用。美国政府自2009年以来密集出台公共数据开放领域的基本政策，持续推动公共数据开放深入展开。先后出台了《透明和开放政府备忘录》《开放政府指令》《隐私保护指令》《数字化政府指令》《开放数据政

〔1〕 See Enforcement Decree of The Personal Information Protection Act, https://elaw.klri.re.kr/eng_service/lawView.do? hseq = 45683&lang = ENG #: ~ : text = ENFORCEMENT%20DECREE%20OF%20THE%20PERSONAL%20INFORMATION%20PROTECTION%20ACT, Act%20and%20matters%20necessary%20for%20the%20enforcement%20thereof, January 26, 2023.

策——将信息作为资产进行管理》《政府信息的默认形式就是开放和可机器读取》《开放数据行动政策》等政策文件。通过这些政策，美国从政府数据范围、社会公众权利保障、数据发布、数据质量及隐私安全等方面确立了公共数据开放的基本要求。[1]

二是通过制定法律支撑公共数据开发利用。以立法形式推动公共数据开放是域外发达国家的通行做法。在立法方面，其既可能就公共数据开放基本问题制定全国范围内具有普遍约束力的法律，也可能就某一特定事项确立基本行为规范。如美国制定的《开放政府数据法》、[2]英国制定的《数据保护法》、日本制定的《推进官民数据利用基本法》、韩国制定的《公共数据供给与利用促进法》均属于公共数据开放的基本法律。而各国就个人隐私所制定的基本法律，则是为公共数据开放过程中个人数据保护确立的基本行为规范，以此约束公共数据开放的边界和范围。相关内容在下文详细论述，在此不作过多解释。

三是通过修订法律保障公共数据开放有序实施。如英国的《数据保护法》自 1998 年公布后，经过多次修改，特别是在吸纳欧盟《通用数据保护条例》立法成果的基础上作出的修订完善，使得英国公共数据开放法律保障达到了新的高度。韩国的《个人信息保护法》

---

〔1〕 参见白献阳：《美国政府数据开放政策体系研究》，载《图书馆学研究》2018 年第 2 期。

〔2〕 事实上，在此之前，美国已经制定了支撑公共数据开放的基础性法律，如 1789 年的《管家法》、1946 年的《联邦行政程序法》都曾对政府信息公开作出明确规定，但其内容并未上升到公共数据开放层面，而且因遭到政府部门反对，未能得到有效实施。后来的《信息自由法》、《隐私权法》和《阳光下的政府法》的有效实施，有力推动了美国公共数据开放的有效展开。更多有关美国公共数据开放立法进程的论述，参见陆健英、郑磊、Sharon S. Dawes：《美国的政府数据开放：历史、进展与启示》，载《电子政务》2013 年第 6 期。

也经历了多次修改,成为世界上最严格的数据保护法律制度之一。[1]

二、持续拓展公共数据开放范围

域外国家在公共数据开放方面进行了全面布局,一再尝试扩大公共数据开放范围,具体从如下维度展开规制实践:

一是明确公共数据的概念范畴。在公共数据概念界定时,通常从"形式要素""主体要素""内容要素"三个维度作出限定。在形式要素层面将数据限定为统计数字或者事实信息的最终版本。在主体要素层面将公共数据产生主体限定为政府部门或者代表其定期建立、维护或控制数据的实体。在内容要素层面明确公共数据应当与公共管理和服务活动相关,其是记录政府部门行使法定职责的结果、交易或者决定等。[2] 通过从形式、主体及内容维度对公共数据概念作出明确限定,有助于尽可能扩大公共数据的涵盖范围,为公共数据开放奠定数据基础。

二是明确以开放作为公共数据利用的基本原则。域外国家基本遵循"以开放为原则,不开放为例外"的公共数据利用基本原则,[3]并为公共数据开放创造有利条件。如八国集体发布的政府数据开放宪章便明确将默认开放作为公共数据开放的首要原则。美国开放数据政策文件明确将公开、可获取、可再利用、完整、及时等作为公共数据开放的基本原则。同时设置公共数据开放目录,定

---

〔1〕 参见陈美:《韩国开放政府数据的隐私风险控制研究》,载《情报理论与实践》2021 年第 8 期。

〔2〕 参见赵润娣:《美国开放政府数据范围研究》,载《中国行政管理》2018 年第 3 期。

〔3〕 参见焦海洋:《中国政府数据开放应遵循的原则探析》,载《图书情报工作》2017 年第 15 期。

期开发维护数据清单,并基于公共数据开放评估制度判断公共数据开放效果。[1] 这在很大程度上保障了美国公共数据的有效、有序开放。韩国公共数据开放立法明确规定应当优先开放的关键数据集,这些数据集主要是那些可以被分析参考的潜在高价值数据集,包括业务数据、法律数据、气象数据及交通数据等。[2]

三是限定不可开放数据的范围。导致公共数据不得开放的原因主要包括如下类型:(1)开放数据违反法律法规;(2)开放数据会危害公众健康、安全或者福利;(3)开放数据会妨碍政府工作;(4)开放数据会披露私有财产或者机密信息;(5)开放数据会泄露个人隐私;等等。[3] 通过对不可开放公共数据的限定,从侧面厘定了可开放数据的范围,为公共数据开放提供了法律保障。

三、设定公共数据开放的基本原则

在公共数据开放层面,发达国家形成了较为明确的基本原则,以指导公共数据开放实践。这些基本原则的形成或是基于国际共识,或是基于本国公共数据开发利用实践。

一是基于全球公认的公共数据开放实践确立的基本原则。2013年7月,八国集团领导人共同签署的《八国集团开放数据宪章》明确了支撑政府数据开放及支持建立透明、创新和问责制政府的公共数据开放的五项核心原则。这些基本原则包括默认开放原则,质量与数量原则,数据面向所有人使用及开放数据推动政府治

〔1〕 参见东方、邓灵斌:《政府数据开放的法律规制:美国立法与中国路径——基于美国〈开放政府数据法〉(OGDA)的思考》,载《情报资料工作》2021年第5期。

〔2〕 参见陈美、江易华:《韩国开放政府数据分析及其借鉴》,载《现代情报》2017年第11期。

〔3〕 参见赵润娣:《美国开放政府数据范围研究》,载《中国行政管理》2018年第3期。

理和促进创新等内容。[1] 从各国公共数据开放实践看,这些原则已经成为指导全球公共数据开放持续展开的基本原则,在国际范围内得到广泛遵守和实施。[2]

二是根据本国实践形成的基本原则。在公共数据开放方面,域外国家除了遵循开放数据、可重复利用、可机读等共通性基本原则外,还结合本国实践需要明确了一些个性化原则,如英国要求公共数据通过易用的在线站点向社会公众提供,以用户为中心展开公共数据开放开发。韩国公共数据开放特别注重社会公众公平获取数据权利的实现,明确要求确保社会公众公平获取和利用公共数据。[3] 而日本尤为关注公共数据的有偿开放,希望通过对数据利用主体收取费用维持数据开放平台持续运转。[4]

四、鼓励社会公众参与数据开放进程

域外国家在推动公共数据开发利用时较为注重吸纳社会公众参与,而且公众参与本就是公共数据开发利用的应有之义。在具体实施层面,其主要关注如下维度内容:

一是强化与私人组织合作。如日本通过出台《促进地方政府数据开放纲领》,为地方政府进行组织间及组织外的公共数据开放合

---

〔1〕 See G8 Open Data Charter, https://assets. publishing. service. gov. uk/government/uploads/system/uploads/attachment_data/file/207772/Open_Data_Charter. pdf, January 26, 2023.

〔2〕 参见张月茹:《对比分析 G8 国家的开放数据政策及对中国的启示》,载《农业图书情报学刊》2018 年第 4 期。

〔3〕 参见陈美、江易华:《韩国开放政府数据分析及其借鉴》,载《现代情报》2017 年第 11 期。

〔4〕 参见黄雨婷、傅文奇:《日本政府数据开放的政策保障及其启示》,载《数字图书馆论坛》2020 年第 9 期。

作提供具体指导。[1]

二是为社会公众参与公共数据开放搭建平台。政府数据开放平台本身便是社会公众参与公共数据开放进程的重要平台,其可以通过数据开放平台进行研究、开发平台和移动应用程序,设计可视化数据产品和服务等。[2] 日本鼓励企业家和独立法人,特别是公共事业领域的公共企业家,参与公共数据开放活动,期待通过社会力量的广泛参与共同推动政府数据开放进程。[3]

三是支持社会创新成果的广泛应用。域外国家通过积极鼓励社会公众参与数据产品开发,设置各类竞赛或者实践项目,为社会主体参与挑战和竞赛提供机会,以推动公共数据开发利用深入展开。[4] 日本政府积极利用数据开放创新成果解决社会问题,并发起了"数据开放 100"计划,面向全国募集数据开放利用实践和活动方案并在政府网站上公开,相关成果已经在防灾救灾、扶老助幼、产业创新及其他社会领域得到广泛应用。[5]

五、加强对个人隐私的尊重与保护

加强个人隐私保护是域外国家公共数据开放十分关心的话题。其公共数据开放建立在充分保障个人隐私的基础之上。通过持续完善隐私保护机制,域外国家在公共数据开放过程中建构了完整的

---

[1] 参见黄雨婷、傅文奇:《日本政府数据开放的政策保障及其启示》,载《数字图书馆论坛》2020 年第 9 期。

[2] 参见赵润娣:《美国开放政府数据范围研究》,载《中国行政管理》2018 年第 3 期。

[3] 参见黄雨婷、傅文奇:《日本政府数据开放的政策保障及其启示》,载《数字图书馆论坛》2020 年第 9 期。

[4] See About Challenge. Gov, https://www. challenge. gov/, January 24, 2023.

[5] 参见黄雨婷、傅文奇:《日本政府数据开放的政策保障及其启示》,载《数字图书馆论坛》2020 年第 9 期。

个人隐私保护体系。

一是通过立法明确要求保护个人隐私。美国、英国、日本和韩国均建立了个人信息保护法律体系,将之作为推动公共数据开放的基础和保障。美国制定了《隐私权法》,[1]英国制定了《数据保护法》,日本制定了《个人信息保护法》,韩国制定了《个人信息保护法》。其通过法律明确了个人隐私的基本范畴,个人隐私保护的基本原则及个人隐私保护的关键机制等核心内容。[2] 从而为公共数据开放过程中个人隐私保护设定明确边界。

二是设置完善的个人隐私保护政策体系。为确保个人隐私保护措施的有效落实,域外国家还设置有较为完整的个人隐私保护政策体系。如美国公布的有《儿童在线隐私保护规则》《电子政务法案隐私条款实施指南》《隐私保护指南》《隐私影响评估指南》等政策文本。[3] 英国公布的有《开放数据白皮书:释放数据潜能》《隐私影响评估实施守则》《数据保护影响评估指南》等政策文本。

三是建立完善的个人隐私影响评估制度。隐私影响评估作为识别个人隐私风险,制定隐私保护方案的辅助措施,其已经得到国

---

〔1〕 美国高度重视隐私保护,通过制定一系列隐私保护方面的法律,构建起了涵盖儿童隐私、金融、保险、电信等领域的个人隐私保护法律体系。其隐私领域法律包括《电子交流隐私权法》《儿童在线隐私保护规则》《消费者数据隐私保护法案》《数据隐私法》《个人健康数据保护法》《社交媒体隐私保护和消费者权利法》等。更多有关美国开放数据隐私保护法律政策的论述,参见储节旺、丁辉:《美国政府开放数据个人隐私保护政策及对我国的启示——基于52个政策文本的内容分析》,载《图书情报工作》2021年第8期。

〔2〕 参见陈超兵、郝文强:《美英澳政府数据开放隐私保护政策法规的考察与借鉴》,载《情报理论与实践》2019年第6期。

〔3〕 更多有关美国开放数据隐私保护法律政策的论述,参见储节旺、丁辉:《美国政府开放数据个人隐私保护政策及对我国的启示——基于52个政策文本的内容分析》,载《图书情报工作》2021年第8期。

际社会的广泛认同,域外国家在公共数据开放过程中已经全面引入隐私影响评估机制,作为推动公共数据开放的重要支撑措施。完整的隐私影响评估机制需要明确隐私影响评估的目标、适用范围、需求识别、实施过程等内容。公共数据开放过程中的隐私影响评估主要适用于涉及个人可识别信息的程序、系统、技术及规则制定等内容,以此判断是否需要进行隐私影响评估以及在多大程度上实施隐私影响评估。进而通过确定隐私影响评估项目、选择隐私影响评估执行时机、确定隐私影响评估执行主体、明确隐私影响评估协商对象,完成隐私影响评估的准备工作。基于描述公共数据开放中的个人信息流动、识别公共数据开放中的隐私安全风险及制定公共数据开放隐私风险应对方案,完成隐私影响评估的操作流程。通过发布公共数据开放隐私影响评估报告、实施公共数据开放隐私风险应对方案及更新公共数据开放隐私影响评估结果,完成公共数据开放隐私影响评估落实工作。[1]

第三节　对我国公共数据市场化配置法治保障机制建构的借鉴

我国公共数据市场化配置法治保障机制建构可以在吸收借鉴域外国家公共数据开放立法成果的基础上,结合自身特点确立符合实践需要的规制体系。

---

〔1〕 更多有关公共数据开放隐私影响评估制度的论述,参见陈超兵、郝文强:《国外政府数据开放隐私影响评估的政策考察与启示》,载《情报资料工作》2019 年第 5 期。

一、完善公共数据市场化配置法治体系

当前我国公共数据市场化配置更多的是以政策形式推动实施,远未形成相对完整的公共数据市场化配置法律规则体系。公共数据市场化配置法律规制实践尚停留在地方立法层面。如上海市数据立法对公共数据授权运营作出明确规定。

授权市政府办公厅组织制定公共数据授权运营管理办法,明确授权主体,授权条件、程序、数据范围,运营平台的服务和使用机制,运营行为规范以及运营评价和退出情形等内容。市大数据中心应当根据公共数据授权运营管理办法对被授权运营主体实施日常监督管理。[1] 但目前,上海市尚未出台相应的公共数据授权运营管理办法。浙江省公布的公共数据授权运营管理办法征求意见稿,虽对公共数据授权运营的基本原则和工作机制、授权程序和条件、授权运营单位的行为规范、数据安全与监督管理等内容作出了明确规定,[2]但因其尚处于征求意见阶段,具体实施效果尚不得知。

为推动公共数据市场化配置的规范展开,有必要根据当前公共数据市场化配置的政策精神,借鉴域外国家公共数据开放的立法经验,建立健全我国公共数据市场化配置法律体系,为公共数据市场化配置规范展开提供法治保障。

二、确立公共数据市场化配置的基本原则

公共数据市场化配置与公共数据开放在遵循的基本原则方面

---

〔1〕 参见《上海市数据条例》(2021 年 11 月 25 日上海市第十五届人民代表大会常务委员会第三十七次会议通过)第 44 条。

〔2〕 参见《浙江省公共数据授权运营管理暂行办法》(征求意见稿),载 https://www.zj.gov.cn/art/2022/10/27/art_1229641549_59900783.html,最后访问日期:2022 年 12 月 2 日。

存在一定的相似性,但也存在明显差异。在明确公共数据市场化配置基本原则时可以参照公共数据开放的基本原则,结合公共数据市场化配置的基本特点建构契合实践需要的原则体系。

一方面,要遵循公共数据开放确立的基本原则。公共数据市场化配置需要严格遵循扩大公共数据范围、激励数据开发利用、提高公共数据质量、支持社会公众参与及维护数据安全等基本原则。这些原则既是推动公共数据开放的基本要求,也是促进公共数据市场化开发利用的现实需要。需要说明的是,这些基本原则在公共数据市场化配置语境下可能被重新表述或者体现。激励数据开发利用、支持社会公众参与数据开发利用,在公共数据市场化配置语境下更多地体现为以平等原则为基础推动符合条件的市场主体参与公共数据开发利用。而扩大公共数据范围及提高数据质量已然内含在公共数据市场化配置的基本要求之中。

另一方面,要根据公共数据市场化配置的实际需要明确应当遵循的基本原则。公共数据市场化配置与公共数据开放存在明显差异,由此决定了公共数据市场化配置有其内在运行逻辑和规则体系。公共数据市场化配置是作为公共数据提供主体的公共管理和服务机构,依据市场规则向市场主体提供公共数据,满足其商业化开发公共数据需求的活动。数据供给目的和场景的特殊性,要求为此类公共数据交易行为确定合适的运作模式。以诚实信用为基础,以保障数据主体合法权益为基本要求展开公共数据开发利用符合当前公共数据市场化配置的基本需要。

三、建立公共数据权利体系

在公共数据开放语境下,域外国家数据立法并未对公共数据权利归属及其权利构造作出明确规定。基于将公共数据视为资产，并以纳税作为分析依据，域外国家认为社会公众已经为公共数据的收集和生成支付相应费用，有权免费利用公共数据。[1]

我国的国情与英美等域外国家有所不同。我国坚持生产资料社会主义公有制，包括公共数据在内的生产资料应当归属国家所有，并按照生产资料公有制的基本模式展开开发利用。而且“数据二十条”对数据权利作出了明确规定，按照数据资源持有权、数据加工使用权、数据产品经营权等分置的产权运行机制建构数据产权制度。[2] 公共数据由公共管理和服务机构收集和生成，由其享有公共数据持有权既符合劳动财产理论的基本要求，也顺应现行公共数据开发利用的基本实践。就这一角度而言，将公共数据配置给公共管理和服务机构，并以此为基础建构公共数据权利体系，对于推动公共数据开发利用具有重要意义。

此外，公共数据市场化配置也需要以明确数据产权归属为基础。市场配置资源要求清晰厘定交易对象的产权关系，通过明晰产权归属达到定分止争和降低交易成本的目的。[3] 而建构公共数据权利体系则是明晰公共数据权属配置关系的必然选择。

四、建构契合公共数据市场化配置需要的交易实现机制

在公共数据市场化配置交易实现机制建构时，既要借鉴公共数

---

〔1〕 See Putting the Frontline First：Smarter Government，https：//assets. publishing. service. gov. uk/government/uploads/system/uploads/attachment_data/file/228889/7753. pdf，January 26，2023.

〔2〕 参见《中共中央、国务院关于构建数据基础制度更好发挥数据要素作用的意见》（2022 年 12 月 2 日）。

〔3〕 参见魏益华、杨璐维：《数据要素市场化配置的产权制度之理论思考》，载《经济体制改革》2022 年第 3 期。

据开放的制度成果，又要结合公共数据市场化配置的基本特点设置合理的制度安排，推动公共数据市场化配置的规范展开。

一方面，公共数据市场化配置应当遵循开放许可模式展开，以尽可能满足市场主体开发利用公共数据的现实需要。公共数据开放的实践表明，以开放许可展开数据开发利用适应了公共数据开发利用的现实需要，能够在实质上推动公共数据市场化配置的持续展开。在公共数据市场化配置场合，有必要继续遵循开放许可的数据授权利用模式，以非竞争、非排他的方式支持市场主体利用数据，释放公共数据经济社会价值。

另一方面，公共数据市场化配置应当采取符合市场交易规则的交易价格生成机制。域外国家公共数据开放立法明确规定免费向社会公众提供公共数据。但我国公共数据市场化配置应当采取有别于域外国家实践的公共数据利用价格生成机制，设置符合公共数据价值体现数据要素市场供求关系的交易价格生成机制。我国建构以收费为基础的公共数据市场化配置交易实现机制具有现实合理性。首先，这个符合公共数据市场化配置的基本价值预设。市场配置资源要求按照市场交易规则、市场定价模式展开资源利用。而市场定价有助于促进数据要素市场竞争和数据要素生产率提高。[1] 公共数据市场化配置也应当以市场定价机制为基础展开数据开发利用，以维系数据要素市场竞争秩序。其次，我国数据要素市场建构实践能够提供政策依据。“数据二十条”明确要求数据开发利用采取收费模式，[2] 并对不同类型的数据资源设置有不同的

〔1〕 参见何玉长、王伟：《数据要素市场化的理论阐释》，载《当代经济研究》2021 年第 4 期。

〔2〕 参见《中共中央、国务院关于构建数据基础制度更好发挥数据要素作用的意见》(2022 年 12 月 2 日)。

费用收取模式,这为公共数据市场化配置价格生成机制建构奠定了政策基础。最后,域外国家公共数据开放实践也开始寻求公共数据有偿利用模式。公共数据开放存在明显的实施成本,数据的收集、储存、清洗和加工等都需要耗费巨大的人力、物力和财力。完全以免费开放模式推动公共数据开发利用难以弥补公共数据开放过程中产生的成本,以英国为代表的部分欧盟国家尝试采取平均成本定价法或者边际成本定价法展开公共数据有偿开放,以期回收公共数据资源开放活动成本。[1]

五、注重保护数据主体正当数据权益

域外国家公共数据开放以免费获取方式实施,对自然人等数据主体的权益采取消极保护模式,即在公共数据开放时明确设置一系列隐私保护制度安排,确保公共数据开放不会损及自然人隐私利益。与公共数据开放不同,公共数据市场化配置是以市场交易为基础推动公共数据开发利用的制度安排,期待按照市场规则、市场定价等方式推动公共数据市场流转和资源配置,此时作为数据提供主体的公共管理和服务机构不仅要尽到必要的注意义务,确保公共数据市场化配置不会损及自然人的隐私利益,同时还要从积极层面考虑如何确保数据主体的正当数据权益有效实现。

在公共数据市场化配置过程中,数据主体权益保障至少包括两个维度:一是对数据主体合法数据收益提供保障;二是对数据主体基本数据安全提供保护。

---

〔1〕 See Bruce R. Kingma, The Economics of Information:A Guide to Economic and Cost-Benefit Analysis for Information Professionals. Libraries Unlimited,2001, p. 5. 转自胡业飞、田时雨:《政府数据开放的有偿模式辨析:合法性根基与执行路径选择》,载《中国行政管理》2019 年第 1 期。

公共数据提供主体提供的数据资源中既有公共管理和服务机构享有合法权益的数据资源,也有专属于自然人、法人及非法人组织的数据资源。对于后者而言,自然人、法人及非法人组织也可以自主展开数据交易,并获取相应收益。换言之,在公共数据市场化配置过程中,放任公共管理和服务机构随意免费提供此类数据,将严重损害数据主体的合法权益。

此外,公共数据市场化配置过程中,既要从积极层面肯定数据主体获取数据收益的正当权益,也要从制度层面明确数据安全保护的基本途径。明确公共数据提供主体、数据利用主体的数据处理责任是有效保障数据安全的必要措施。公共数据市场化配置遵循"原始数据不出域,数据可用不可见"的基本原则。公共数据提供主体在向特定场域提供公共数据时,应当进行必要的技术处理,确保提供的公共数据不会存在质量瑕疵,损及数据主体的正当权益。任何违反规定的数据提供行为都将使公共数据提供主体承担相应的法律责任。数据利用主体在利用和处理公共数据时,应当严格遵循授权利用协议的要求,不得超出约定的数据利用场景进行数据处理,实施损害数据主体合法权益的行为。

第五章　公共数据市场化配置法治保障机制的规范建构

公共数据市场化配置法治保障机制的规范建构应当在回应其现实局限性，借鉴域外公共数据开发利用规制经验的基础上展开方案设计，具体可以考虑从规范界定公共数据概念范畴、公共数据权利体系、公共数据交易实现机制及数据主体权益保障机制等维度展开。

第一节　公共数据概念的规范界定

从明确数据权属配置关系、规范界分公共管理和服务机构，自然人、法人及非法人组织合法权益的角度出发，可以将公共数据界定为公共管理和服务机构在履行公共管理和服务职责过程中收集和生成的非专属于自然人、法人或者非法人组织的数据。

一、公共数据概念界定的合理性

对于公共数据概念界定的合理性，可以从如下维度得到规范解释：

（一）明确了公共数据权利归属与权利主体

明确公共数据权利行使仅延及公共管理和服务机构在履行公共管理和服务职责过程中收集和生成的非专属于自然人、法人及非法人组织的数据，意在将不同类型数据归属于不同主体，界分出"哪些数据是政府的""哪些数据归属于自然人、法人或者非法人组织"。就理论层面而言，唯有将不同类型数据确定地归属于特定主体，基于数据收集或者控制产生的权益才具有内在正当性，数据权利才可以有效证成。[1] 而清晰确定权利归属既有利于明确公共数据的法律属性，也有助于确立公共数据的利用与保护模式。

就权属配置角度而言，公共数据归属国家所有，由政府代表国家行使相关权利。第一，这符合公共数据公共资源的法律属性。公共数据属于公共资源。公共资源是属于国家和社会公有公用的生产生活资源，其既包括各类有形的自然资源，也包括各类使用权、承包经营权及特许经营权等无形资源，还包括行政管理和公共服务形成或者衍生的其他资源。[2] 从其来源看，公共数据属于政府在公共管理和服务过程中形成或者衍生的其他资源，因此应当归入公共资源范畴。根据现有制度设计，以自然资源为代表的公共资源归国

〔1〕 参见于飞：《侵权法中权利与利益的区分方法》，载《法学研究》2011 年第 4 期。

〔2〕 参见蔡小慎、刘存亮：《公共资源交易领域利益冲突及防治》，载《学术界》2012 年第 3 期。

家所有,由国务院代表国家行使所有权。[1] 由此可知,将公共数据这类公共资源归属国家,并由政府代表国家行使相应权利具有内在合理性。

第二,这契合公共数据规制实践的制度安排。在公共数据规制层面,地方政府在相关文件中已明确公共数据权属配置及权利主体。如广东省在政务数据共享文件中规定政务数据所有权归政府所有。[2] 这在一定程度上表明将由政府行使公共数据权利具有现实可行性。各地对公共数据权属界定的差异仅具有形式意义,即使公共数据归属政府,国家对公共数据仍享有最终支配权。[3]

第三,这有助于促进公共数据的保护与利用。目前多数实践选择由政府主导公共数据利用与保护。西安市在政务数据利用时规定,市政府授权市大数据产业发展管理机构行使数据资源管理权,负责西安市政务数据的授权开发、利用增值等工作,根据程序对符合条件的申请对象以公开招标等竞争性方式授权使用,并将授权使用收益作为公有资产收益上缴国库。[4] 福建省在数据授权开发时也有类似规定。[5] 即使是对公共数据权属未作规制的省市也规定公共数据利用采取授权开发模式,被授权主体在获取有条件开放类数据时与政府签订数据利用协议,在遵循合法正当原则的基础上根

---

〔1〕 参见《中华人民共和国民法典》(2020 年 5 月 28 日第十三届全国人民代表大会第三次会议通过)第 246 条。

〔2〕 参见《广东省政务数据资源共享管理办法(试行)》(粤府办〔2018〕50 号)第 4 条。

〔3〕 事实上,将公共数据归属国家所有仍是大多数公共数据规制模式的首选方案。如福建省政务数据立法明确规定,政务数据属于国家所有。参见《福建省政务数据管理办法》(2016 年福建省人民政府令第 178 号)第 3 条。

〔4〕 参见《西安市政务数据资源共享管理办法》(市政发〔2018〕47 号)第 7、28、32 条。

〔5〕 参见《福建省政务数据管理办法》(2016 年福建省人民政府令第 178 号)第 33、36 条。

据数据利用条件开发利用公共数据。[1] 而政府享有公共数据权利能够在理论及实践层面解释由政府主导公共数据授权利用的正当性。

(二)限定了公共数据的来源范围

公共数据来源范围十分广泛,几乎涵盖了经济社会中的各种数据类型,包括但不限于信用、交通、医疗、卫生、就业、社保、地理、文化、教育、科技、资源、农业、环境、安监、金融、质量、统计、气象、海洋、企业登记监管等领域的数据资源。[2] 换言之,政府在履行公共管理和提供公共服务时生成的数据均应被纳入公共数据范畴。数据来源的特定性是将公共数据与政府获取的其他数据,以及与公共数据内容相同数据区别开来的主要依据。政府作为民事主体时,其可以通过民事行为获取相应数据,而这些数据难以被归入公共数据范畴,却可为政府控制和利用。此外,对于某些数据,政府、自然人、法人和非法人组织均可收集或者控制,在极端情况下,其收集的数据在内容上可能完全相同,此时政府可基于数据来源证明其对公共数据享有相应权利。

(三)界定了公共数据授权开发的排除领域

公共数据权利行使时应将专属于自然人、法人或者非法人组织的数据排除在外。这些被排除在公共数据权利规制范围之外的数据主要包括如下类型:

首先是个人信息。根据《民法典》之规定,个人信息是指以电子或者其他方式记录的能够单独或者与其他信息结合识别特定自

---

〔1〕 参见《上海市公共数据开放暂行办法》(2019 年上海市人民政府令第 21 号)第 15、23 条。

〔2〕 参见《促进大数据发展行动纲要》(国发〔2015〕50 号)。

然人的各种信息。[1] 《个人信息保护法》规定,个人信息是指以电子或者其他方式记录的与已识别或者可识别的自然人有关的各种信息,但不包括已匿名化处理后的信息。[2] 《个人信息保护法》对个人信息的规制遵循"识别 + 关联"原则,其在延续《民法典》确立的"识别原则"基础上,又将可以关联到自然人的信息纳入个人信息规制范围。无论遵循何种界定模式,个人信息强调的都是专属于自然人的信息,这些信息对于个人隐私维护,个人生活安宁具有重要意义。如果采用与公共数据相同的模式利用个人信息,将会严重损害自然人的合法权益。鉴于个人信息与公共数据内在的差异性,笔者认为应将个人信息排除在公共数据权利规制范围之外。有关个人信息与公共数据的区别将在下文作详细阐述,在此不作过多探讨。

其次是为知识产权法保护的数据。因某些数据本身便是著作权、专利权及商业秘密等的客体,权利人对这些数据享有法定权益,故应将这些数据排除在公共数据权利规制范围之外。某些数据若构成汇编作品,则可以采用《著作权法》予以保护,即使不构成汇编作品,若符合数据库的基本要求,也可受到邻接权保护。[3] 如果数据构成计算机程序,则可成为专利权客体而受到保护;[4] 如果数据具有秘密性或价值性,且已为权利主体采取保护措施,则可因构成

---

〔1〕 从其范围看,个人信息包括自然人的姓名、出生日期、身份证号码、生物识别信息、住址、电话号码、电子邮箱、健康信息、行踪信息等。参见《中华人民共和国民法典》(2020 年 5 月 28 日第十三届全国人民代表大会第三次会议通过)第 1034 条第 1 款。

〔2〕 参见《中华人民共和国个人信息保护法》(2021 年 8 月 20 日第十三届全国人民代表大会常务委员会第三十次会议通过)第 4 条第 1 款。

〔3〕 参见王渊等:《数据权的权利性质及其归属研究》,载《科学管理研究》2017 年第 5 期。

〔4〕 参见徐实:《企业数据保护的知识产权路径及其突破》,载《东方法学》2018 年第 5 期。

商业秘密而受法律保护。[1]

最后是为自然人、法人或者非法人组织收集或者控制的数据。基于劳动财产理论和功利主义财产理论，应当肯定自然人、法人或者非法人组织对其收集或者控制的数据享有财产权益。[2] 即使政府基于公共管理和服务需要能够使用这些数据，但这些数据的权益仍归属于特定自然人、法人或者非法人组织。

（四）具有可供参考借鉴的制度基础

将公共数据与其汇集的数据资源权属予以区分考察，具有可供借鉴的制度基础。《著作权法》中的汇编作品制度可为公共数据概念界定提供参考。汇编作品是通过汇编若干作品、作品片段或者不构成作品的数据或者其他材料而形成的作品。[3] 汇编作品的著作权归属于汇编人，汇编人在行使著作权时应当尊重其他元素所有人的合法权益。换言之，汇编作品的著作权仅及于汇编作品的整体而不延及其所选择或者编排的材料本身。汇编人在汇编过程中对汇编材料进行独创性加工的，可对具有独创性的加工部分享有著作权。

从汇编作品权属配置及权利行使模式可以得出如下基本判断：首先，《著作权法》保护的是汇编作品整体的独创性，而不包含其所选取的汇编材料，汇编材料及其权利仍归原权利人所有；其次，汇编人对汇编作品享有的著作权与汇编材料所有人享有的权利分离，对

---

〔1〕 参见《中华人民共和国反不正当竞争法》（根据2019年4月23日第十三届全国人民代表大会常务委员会第十次会议《关于修改〈中华人民共和国建筑法〉等八部法律的决定》修正）第9条。

〔2〕 参见石丹：《企业数据财产权利的法律保护与制度构建》，载《电子知识产权》2019年第6期。

〔3〕 参见《中华人民共和国著作权法》（根据2020年11月11日第十三届全国人民代表大会常务委员会第二十三次会议《关于修改〈中华人民共和国著作权法〉的决定》修正）第15条。

汇编作品的利用不得损害汇编材料所有人的合法权益;最后,汇编材料所有人可以单独就汇编材料行使权利,汇编人应当尊重和保护汇编材料所有人的合法权益。

公共数据概念界定也可沿着汇编作品概念界定及权属配置模式展开,以此规范界分公共数据的内涵及权属关系。首先,基于概念界定明确公共数据权属关系。《著作权法》并未明确汇编作品的概念,而是将之融入汇编作品权利归属与利用条款。以此明确汇编作品的规制范围、权利归属及其行使规则。在公共数据概念界定时,多数方案并未明确公共数据权利归属,导致公共数据权利归属难以规范确定,影响公共数据市场化配置的规范展开。鉴于此,本书在规范界定公共数据概念时以排除法明确了公共数据权属配置模式。其次,基于概念界定明确公共数据权利行使的基本模式。公共数据概念界定强调"专属于自然人、法人及非法人组织",意在明确政府在公共数据授权开发时不得将数据范围扩大至专属于特定主体的数据资源,以此限定公共数据权利行使的边界。最后,基于概念界定体现对数据主体利益的尊重与维护。在公共数据概念界定时凸显"专属于自然人、法人及非法人组织"这一概念范畴,意在明确自然人、法人及非法人组织对于其数据的控制地位,为其正当权益保护奠定基础。

二、公共数据与相关数据概念的分野

公共数据与诸如个人数据、企业数据及司法数据等在本质上具有一致性,均是以电子或者非电子形式对信息的记录。[1] 但在数

---

〔1〕 参见《中华人民共和国数据安全法》(2021 年 6 月 10 日第十三届全国人民代表大会常务委员会第二十九次会议通过)第 3 条。

据内容、权利主体、数据利用等方面,公共数据与其他数据类型存在较大差异,因此全面检视公共数据与其他数据类型的区别,对于规范界定公共数据内涵与外延具有重要意义。

(一)公共数据与个人数据的区别

公共数据与个人数据的区别主要表现在如下层面:

第一,数据范围不同。公共数据范围大于个人数据。个人数据的范围较为特定,其是以电子或者其他方式记录的能够单独或者与其他数据结合识别特定自然人的各种数据。[1] 包括敏感个人信息数据,[2]一般个人信息数据,与个人活动有关但不能直接识别特定主体的数据三种类型。[3] 与个人数据不同,公共数据几乎涵盖了社会生产生活的各类数据类型,政府在公共管理和服务过程中生成的所有数据都有可能被纳入公共数据范畴。

第二,权利客体不同。个人数据权利客体可以是单条数据。个人数据是能够识别自然人的数据,如果通过单条数据能够识别具体的自然人,则该条数据便具有利用价值和保护必要性,符合民事权利客体确定性和利益性的基本要求。而公共数据权利客体是"数据集合",即由一定数量的公共数据汇集而成的数据包。就这一角度而言,公共数据权利客体与企业数据权利客体具有一致性,均是数据集合。"数据集合"既相对确定,又与物、知识产品及人格利益等

---

〔1〕 参见《中华人民共和国民法典》(2020 年 5 月 28 日第十三届全国人民代表大会第三次会议通过)第 1034 条第 1 款。

〔2〕 敏感个人信息,是一旦泄露或者非法使用容易导致自然人的人格尊严受到侵害或者人身、财产安全受到危害的个人信息,包括生物识别、宗教信仰、特定身份、医疗健康、金融账户、行踪轨迹等,以及不满 14 周岁未成年人的个人信息。参见《中华人民共和国个人信息保护法》(2021 年 8 月 20 日第十三届全国人民代表大会常务委员会第三十次会议通过)第 28 条。

〔3〕 如自然人在淘宝、京东等购物平台采购获取的过程性数据,其直观地记录了个人的交易全过程,却不能直接识别特定自然人。

民事权利客体具有本质差异，以此为基础建构数据权利客体体系具有内在的合理性与可行性，且以“数据集合”作为数据权利客体已然得到理论界的肯定与认可。[1]

第三，权利主体不同。公共数据权利主体是政府。政府作为公共数据权利主体的合理性可以从劳动财产理论及公共资源理论等维度得到合理解释。[2] 个人数据的权利主体是自然人。由自然人享有个人数据权益既符合个人数据保护的基本实践也有利于规范个人数据的利用秩序。司法实践中，许多法院均认可自然人对其个人数据享有相应权益。[3] 在立法层面，《个人信息保护法》明确规定，自然人的个人信息受法律保护，任何组织、个人不得侵害自然人的个人信息权益。[4] 由此不难推知，《个人信息保护法》赋予自然人以个人数据权益，这是继《民法典》规定个人信息保护之后的又一立法成果，其对于明确个人数据保护主体具有重要意义。对于某些基于自然人活动产生但已经匿名化处理而难以识别个人信息的数据，自然人之外的主体可以不经其同意处理该类数据，政府在履行公共管理和服务职责过程中收集或者控制了该类数据，则其应当被归入公共数据范畴，由政府行使相应权利。

第四，利用模式不同。公共数据是数据要素的重要组成部分，其对于促进数字经济发展具有重要意义，应当鼓励社会公众广泛接

---

〔1〕 更多有关“数据集合”作为数据权益客体正当性的论述，参见赵加兵：《论作为数据权益客体的数据集合》，载《河北法学》2021 年第 7 期。

〔2〕 参见赵加兵：《公共数据归属政府的合理性及法律意义》，载《河南财经政法大学学报》2021 年第 1 期。

〔3〕 参见凌某某与北京微播视界科技有限公司隐私权、个人信息权益网络侵权责任纠纷案，(2019)京 0491 民初 6694 号。

〔4〕 参见《中华人民共和国个人信息保护法》(2021 年 8 月 20 日第十三届全国人民代表大会常务委员会第三十次会议通过)第 2 条。

触和利用公共数据资源。可以考虑借鉴专利开放许可制度，建构规范的公共数据开放许可制度，以促进公共数据的有效利用。[1] 个人数据利用受到严格限制，需要以个别授权方式展开利用，遵循合法、正当、必要和诚信原则，在自然人知情并作出授权意思表示时，数据利用主体方可处理个人数据，严禁通过欺诈、误导等方式处理个人数据。[2]

（二）公共数据与企业数据的差异

公共数据与企业数据在某些方面具有相似之处，二者权利客体均是"数据集合"，且在数据来源方面可能存在较大程度重合，毕竟企业也可以对社会生活中的数据展开处理。[3] 但公共数据与企业数据的差异较为明显，主要表现在如下层面：

第一，法律性质不同。公共数据属于公共资源。对于公共数据的公共资源属性已在前文进行相应解释，在此不作过多说明。企业数据是企业通过持续投资获取的数据，属于企业的私有财产。

第二，权利主体不同。公共数据权利主体是政府。而企业数据的权利人是数据企业。由数据企业对其收集和控制的数据享有权利符合劳动财产理论及功利主义理论的基本观点。[4] 在实践中，法院也认可企业对其收集或者控制的数据享有权益。如在"脉脉案"中，法院认为网络平台提供方可对在用户同意的前提下基于自

---

〔1〕 更多有关公共数据开放许可的合理性及其制度建构的论述，参见赵加兵：《公共数据开放许可的规范建构》，载《河南牧业经济学院学报》2020 年第 3 期。

〔2〕 参见《中华人民共和国个人信息保护法》（2021 年 8 月 20 日第十三届全国人民代表大会常务委员会第三十次会议通过）第 5 条。

〔3〕 如阿里巴巴也可以收集自然人的个人信用数据，这些数据可能与中国人民银行所掌握的公民个人信用数据具有高度一致性。

〔4〕 参见石丹：《企业数据财产权利的法律保护与制度构建》，载《电子知识产权》2019 年第 6 期。

身经营活动收集并进行商业性使用的用户数据主张权利。[1]

第三,利用模式不同。公共数据利用可以采取开放许可模式,而企业数据利用则应根据企业需求采取多元化授权利用模式。因企业数据利用尚处于尝试阶段,因此有序建构企业数据利用与分享准则对于推动数据企业间数据流动具有积极的实践价值。[2]

(三)公共数据与司法数据的区分

从广义角度看,司法数据是公安机关、检察院、法院、司法行政管理机关在行使与司法权有关的权力过程中采集和储存的数据。[3] 司法数据与公共数据都是国家机构在履行职责过程中收集或者形成的数据,而且某些国家机构既具有行政职能又担负司法职责,因此公共数据与司法数据间存在内在关联。[4] 在数据开放层面,公共数据与司法数据均秉承着“以开放为原则不开放为例外”的原则,司法数据特别是裁判文书类数据遵循主动公开原则。[5] 当然公共数据与司法数据也存在明显差异:

第一,权利主体不同。公共数据权利主体是政府,司法数据权利主体是司法机关。[6] 但在司法数据权属界定时应当考虑对特定主体权利的尊重与维护,司法机关对司法数据享有的权利不能及于专属于当事人的数据,换言之,司法机关仅对剥离可识别当事人信息之后的数据享有权利。

---

〔1〕 参见北京微梦创科网络技术有限公司诉北京淘友天下技术有限公司不正当竞争案。北京知识产权法院民事判决书,(2016)京73民终588号。

〔2〕 参见姚佳:《企业数据的利用准则》,载《清华法学》2019年第3期。

〔3〕 参见杨建军:《司法数据公开及其程序规制》,载《广东社会科学》2019年第6期。

〔4〕 某些数据既可能构成公共数据又可能构成司法数据。如违法犯罪笔录,其在治安管理层面属于公共数据,而在刑事诉讼层面则是司法数据。

〔5〕 参见《最高人民法院关于人民法院在互联网公布裁判文书的规定》(法释〔2016〕19号)。

〔6〕 参见何盼盼:《司法大数据的开放与共享》,载《学术探索》2017年第2期。

第二,数据范围不同。公共数据内容较司法数据更加多元,其涵盖领域也更为广泛。司法数据仅限于与司法活动相关的数据,而公共数据几乎涵盖了自然、人文等领域的各类数据,而且在某种程度上,司法数据可被视为公共数据的重要组成部分。[1]

第三,利用模式不同。公共数据利用可以采取授权许可模式,允许政府在授权时收取经济回报。而司法数据公开遵循非市场化原则,司法数据公开不以谋取经济利益为目的,而以服务社会治理、降低社会管理成本、促进社会安定和公正服务为目标。[2]

三、公共数据概念规范界定的法律意义

从产权配置角度规范界定公共数据概念范畴对于建构数据产权规则、培育数据要素市场及推动数字产业发展具有积极意义。其既有利于明确公共数据权属配置,扩大民法规制范畴,也有助于建构公共数据交易基本规则,推动公共数据要素市场的规范建构。

(一)明确公共数据的权利归属

在公共数据概念界定时,将专属于自然人、法人或者非法人组织的数据排除在公共数据权利规制范围之外,由此奠定了公共数据权属配置理论基础。公共数据由政府收集和控制,政府对之享有相应民事权利具有内在正当性。根据《民法典》之规定,承担行政管理的法定机构可以从事履行职责所需的民事活动。[3] 公共数据是政府在履行公共管理与服务职责过程中收集和生成的数据,其是政

---

〔1〕 参见何盼盼:《司法大数据的开放与共享》,载《学术探索》2017 年第 2 期。

〔2〕 参见杨建军:《司法数据公开及其程序规制》,载《广东社会科学》2019 年第 6 期。

〔3〕 参见《中华人民共和国民法典》(2020 年 5 月 28 日第十三届全国人民代表大会第三次会议通过)第 97 条。

府行为的副产品，由享有公共数据权利便于公共数据的利用与保护。而且从本质上看，公共数据属于公共资源，其归属国家所有，由政府代表国家行使所有权。[1] 在自然资源、水资源及矿产资源等领域，尽管国务院代表国家行使所有权，但在具体操作时则由财产所在地人民政府或者主管部门行使控制权。[2] 因此，对于公共数据而言，由管控公共数据的地方政府享有专有权利具有现实可行性。

而且由政府享有公共数据权利也符合公共数据的利用模式。多数公共数据开放实践明确规定政府可以授权开发模式推动有条件开放类公共数据开放利用。[3] 当前公共数据的生产要素属性已经得到社会广泛认同，公共数据日益成为"推动经济转型发展的新动力"和"重塑国家竞争优势的新机遇"，[4] 在此背景下，从产权配置角度明确政府的公共数据权利人地位有助于推动公共数据的开发利用，将公共数据以市场机制配置给市场主体，发挥数据要素的经济社会价值。

（二）迎合民事法律规制范畴扩大的发展趋势

传统民法以物、行为、知识产品及人格利益为主要规制对象，并以此为基础建构规则体系。但《民法典》改变了这一规制模型，将规制范畴延伸至数据与网络虚拟财产。[5] 这一制度安排突破了传

---

〔1〕 参见《中华人民共和国民法典》(2020 年 5 月 28 日第十三届全国人民代表大会第三次会议通过)第 246 条。

〔2〕 参见肖泽晟：《论国家所有权与行政权的关系》，载《中国法学》2016 年第 6 期。

〔3〕 参见《福建省政务数据管理办法》(2016 年福建省人民政府令第 178 号)第 33 条；《西安市政务数据资源共享管理办法》(市政发〔2018〕47 号)第 28 条。

〔4〕 参见《促进大数据发展行动纲要》(国发〔2015〕50 号)。

〔5〕 参见《中华人民共和国民法典》(2020 年 5 月 28 日第十三届全国人民代表大会第三次会议通过)第 127 条。

统民法的规制范畴,体现出对当前数字经济发展的深刻关切。但《民法典》对数据的规制过于概括,既未界定数据的含义与类型,又未明确数据的法律属性,也未确立数据的权属配置与保护模式。为发挥《民法典》对数字经济的规制力,有必要对《民法典》中的数据概念予以规范界定,以推动数据权利的规范建构和数据资源的有序利用。

就这一角度而言,规范界定公共数据概念范畴对于迎合民事法律规制范畴扩大的发展趋势具有积极意义:一方面,其从理论层面概括了民法中数据的基本范畴。数据至少应包括个人数据、企业数据、公共数据与司法数据等数据类型,但对于不同数据类型间的内在关系,学者们尚未展开全面规范探讨,[1]本书以公共数据为视角较为规范地概括出公共数据的概念范畴,厘清了公共数据与其他数据类型之间的分野,从而为《民法典》明确数据类型提供参考借鉴。另一方面,其为公共数据权利体系建构奠定了基础。肯定政府的公共数据权利主体地位,由其代表国家主导公共数据利用与保护,有助于从权利主体、权利客体、权利利用与保护等维度规范建构公共数据权利体系,不断推动《民法典》对数据概念界定规范化、数据权利配置科学化、数据保护与利用有序化。

(三)推动公共数据授权开发模式的规范建构

在国家明确提出公共数据授权运营的背景下,理论界有必要从公共数据授权开发维度展开理论研究与制度建构,而从权属配置角度规范界定公共数据概念范围,能够为公共数据授权开发奠定基础

〔1〕 有学者对不同类型数据间的关系进行了梳理与概括,但缺乏对司法数据的有效关照,其对公共数据的概念界定也有待商榷,未能从产权角度展开规范探讨。参见李扬:《大数据时代企业数据边界的界定与澄清——兼谈不同类型数据之间的分野与勾连》,载《福建论坛(人文社会科学版)》2019 年第 11 期。

与前提。首先,这有利于明确公共数据开发利用的基本实现模式。对于公共数据这类公共资源,政府应当按照公共资源利用的基本模式展开资源配置,即在遵循公共数据全民所有原则的基础上,授权市场主体开发利用公共数据。因公共数据利用具有非竞争性、非排他性特点,因此在授权模式建构时可以参考专利开放许可制度设置公共数据开放许可模式,确保市场主体能够充分利用公共数据,释放公共数据的经济社会价值。其次,这有利于明确政府在公共数据授权开发中的基本义务。政府在公共数据授权开发时应当"保障公共数据数量与质量""维护其他数据主体的合法权益""建构起完善的公共数据交易机制"。[1] 公共数据由政府提供,政府有义务确保数据质量与数量符合市场主体的基本需求,并在公平自愿、等价有偿的基础上维护数据利用主体的合法权益,建构规范的公共数据授权交易秩序。最后,这有助于维护数据安全。在公共数据概念界定时,清晰界定公共数据与其他类型数据的关系有利于厘清不同主体在数据保护方面的权利义务关系,不断完善数据分类分级安全保护制度,加强公共数据、企业数据和个人数据的保护。[2] 政府作为公共数据提供主体,既要保证提供的数据符合数据安全的基本要求,又要对数据利用行为实施必要监管,确保数据利用不会危及国家安全。

---

〔1〕 参见赵加兵:《公共数据归属政府的合理性及法律意义》,载《河南财经政法大学学报》2021年第1期。

〔2〕 参见《中共中央、国务院关于构建更加完善的要素市场化配置体制机制的意见》(2020年3月30日)。

第二节　公共数据权利体系的规范建构

公共数据权利体系意在回答应当将公共数据配置给何类主体，以及如何从数据市场化配置角度界定公共数据权利的法律构造。公共数据权利体系建构可以从明确公共数据权利归属、厘清公共数据权利客体范畴、界定公共数据权利法律属性及划定公共数据权利基本内容等维度展开。

一、明确公共数据权利归属

结合现有公共数据规制理论与实践可知，将公共数据配置给国家，由国家代表全民享有公共数据权利，政府代表国家行使公共数据权利是较为可行的制度方案。公共数据权利归属立法可以考虑采用宪法法律双层权属配置模式，即在宪法层面明确公共数据归属国家所有，在法律层面明确政府代表国家行使公共数据权利。

（一）公共数据权属宪法法律双层规制模式的合理性

对于公共数据权属界定宪法法律双层规制模式的合理性可从如下维度得到规范解释：

1. 这符合宪法对公共资源归属的基本界定模式

宪法在自然资源及土地等公共资源配置时，仅就其归属、利用与保护等基本问题作出规定，[1]而将其他具体议题交由法律予以规制。随着科学技术的快速发展，以数据为代表的新的生产要素不

〔1〕 参见《中华人民共和国宪法》（根据2018年3月11日第十三届全国人民代表大会第一次会议通过的《中华人民共和国宪法修正案》修正）第9、10条。

断涌现,并逐渐成为基础性战略资源,其对于推动经济转型发展、重塑国家竞争优势及提升政府治理能力具有重要意义。[1] 在数据资源中,由政府等公共管理和服务机构掌握的公共数据占据了绝大部分份额,对公共数据权属、利用与保护等基本问题展开规制有助于充分释放这类生产要素的经济社会价值。宪法在规制公共数据权属时,可以参照自然资源及土地等生产要素权属配置模式,明确公共数据的法律属性及归属等基本议题,将其他事项交由法律另行规定。

2. 这契合公共数据开放立法的基本趋势

推动国家层面公共数据开放立法是未来公共数据立法的基本方向。为推动公共数据开放,国家已在数据安全及个人信息保护等领域展开立法实践,并取得一定成果。[2] 地方层面的公共数据开放立法实践也在持续推进并初具规模,这为国家层面公共数据开放立法积累了一定经验。但随着公共数据开放进程的持续推进,一些事关公共数据开放的深层次结构性问题逐步暴露,亟须国家层面立法予以明确回答。[3] 公共数据开放与政府信息公开在价值目标间的重大差异,决定了以《政府信息公开条例》规制公共数据开放难以实现预期目标,必须采取公共数据开放单独立法模式。[4] 以单独立法规制公共数据权属配置既能够解决公共数据权属界定不清

---

〔1〕 参见《促进大数据发展行动纲要》(国发〔2015〕50 号)。

〔2〕 2021 年 6 月 10 日第十三届全国人民代表大会常务委员会第二十九次会议通过了《中华人民共和国数据安全法》;2021 年 8 月 20 日第十三届全国人民代表大会常务委员会第三十次会议通过了《中华人民共和国个人信息保护法》。

〔3〕 这些议题包括公共数据权属配置,公共数据融合与利用,国家公共数据开放平台建构的基本规则及架构等。

〔4〕 参见宋烁:《政府数据开放宜采取不同于信息公开的立法进路》,载《法学》2021 年第 1 期。

的弊端,明晰不同主体在公共数据中的权利义务关系,又能够在顺应公共数据开放立法趋势的基础上,推动公共数据有序开发利用,促进公共数据汇聚融合与深度应用。[1]

3. 这迎合了公共数据要素市场培育的基本方向

为培育规范的数据要素市场,国家明确要求"研究根据数据性质完善产权性质""开展政府数据授权运营试点""加快建立数据资源产权……基础制度与规范"。在这些目标实现过程中,数据权属配置居于核心地位。具体到公共数据,明确界定公共数据权属关系有助于消解公共数据要素市场建构的制度性障碍,推动公共数据要素市场的规范建构。

第一,明确公共数据权属关系有助于诠释政府展开公共数据授权利用的正当性。无论是国家层面的政策文件还是地方层面的公共数据立法都明确要求政府推进公共数据开发利用,但政府允许市场主体利用其收集或者生成的公共数据的正当性何在,换言之,政府是否有权利以市场化方式向市场主体提供公共数据呢?在宪法及法律未明确政府对公共数据是否享有权益情况下,政府展开公共数据授权利用的合理性尚未得到有效证成。在宪法及法律层面规范界定公共数据权属关系能够在一定程度上证成政府推进公共数据开发利用的正当性。

第二,明确公共数据权属关系有利于厘清公共数据开发利用中的权利关系。公共数据授权利用以政府对数据享有正当权益为基础,但政府并非对其履行公共管理和服务职能收集或者生成的所有数据均享有正当权益。在公共数据集合中仍有许多为自然人、法人

---

〔1〕 参见《中华人民共和国国民经济和社会发展第十四个五年规划和2035年远景目标纲要》第五篇第十七章第一节。

或非法人组织享有权益的数据，这些数据或表现为个人隐私或为知识产权保护的数据。[1] 有效厘清公共数据与其他数据的关系，明晰公共数据承载的不同利益主体间的关系，是展开公共数据开发利用及培育数据要素市场的重要前提。要实现这些目标，首当其冲的便是要清晰界定公共数据权属关系。在宪法及法律层面明确公共数据权属关系则是实现这一目标的题中之意。

第三，明确公共数据权属关系有益于推动公共数据授权运营试点有序展开。"十四五规划"明确提出展开政府数据开放授权试点，这对于推动公共数据开发利用具有重要意义。公共数据授权运营以作为公共数据提供主体的政府对数据享有正当权益为前提。而政府对公共数据享有权益的正当性及其权利内容等重大理论及实践问题，必须由国家在宪法及法律层面作出明确回应。

4. 公共数据权属宪法法律双层规制模式具有现实可行性

一方面，土地等自然资源权属配置现有实践能够为之提供参考借鉴。我国对土地权属配置采取宪法法律双层配置模式：《宪法》明确规定城市土地属于国家所有，农村和城市郊区的土地除法律规定属于国家所有外，属于集体所有。[2] 《土地管理法》规定由国务院代表国家行使国家所有土地的所有权。[3] 公共数据权属配置可以借鉴土地权属配置的基本模式，确立宪法法律双层规制模式。另一方面，公共数据权属现有立法实践为之提供了实践准备。各地已

[1] 参见《浙江省公共数据开放与安全管理暂行办法》(2020 年浙江省人民政府令第 381 号)第 14 条。

[2] 参见《中华人民共和国宪法》(根据 2018 年 3 月 11 日第十三届全国人民代表大会第一次会议通过的《中华人民共和国宪法修正案》修正)第 10 条。

[3] 参见《中华人民共和国土地管理法》(根据 2019 年 8 月 26 日第十三届全国人民代表大会常务委员会第十二次会议《关于修改〈中华人民共和国土地管理法〉、〈中华人民共和国城市房地产管理法〉的决定》修正)第 2 条第 2 款。

展开公共数据权属制度建构,尽管规制方案不一,却能够为公共数据权属配置宪法法律双层规制模式的确立提供实践准备与制度基础。

(二)公共数据权利归属宪法法律双层权属配置模式的法律意义

在宪法及法律层面明确公共数据权属有助于厘清公共数据的权利归属关系,从而在理论层面证成国家展开数据分配与合理利用的正当性、明晰公共数据的产权性质、培育规范的数据要素市场及明确政府作为公共数据提供主体的法律义务。

1. 阐明国家在宏观调控维度展开数据分配与合理利用的正当性

现有的以企业数据为基础的数据权属配置机制主要以市场调节方式展开,而单纯依靠市场调节数据资源配置可能导致数据垄断及数据利用低效率,而由国家调节公共数据权属配置则能够有效解决公共数据合理利用与公平分配难题,[1]从而在保障社会公共利益的基础上推动公共数据利用的有序展开。

2. 明晰公共数据的产权性质

政府对公共数据享有的权利属于民事权利范畴。数据权利的民事权利属性已然得到《民法典》的认可,公共数据权利作为数据权利的重要组成部分,其民事权利的合法地位也随之得到证成。政府作为公共数据的控制主体,由其享有公共数据权利也符合社会一般认知,而且这种权益应当受到民事法律的认可与保护。政府作为国家的代表,其行使公共数据权利不能基于自身利益而是为了维护全体人民的根本利益,即作为受托人的政府应当将基于公共数据获

---

〔1〕 参见张玉洁:《国家所有:数据资源权属的中国方案与制度展开》,载《政治与法律》2020年第8期。

取的利益归属于全体人民。对于政府基于民法意义的所有权而为自身牟利的法律后果,康德早就作过经典论证:政府如果能够拥有私人产业,将导致公共资源全部集中于政府手中,所有人民都将被当作奴隶对待。[1] 因此,公共数据归属于政府,非但不会产生"与民争利"的不利影响,恰恰是确保全体人民利用公共数据合法权益实现的必然选择。

3. 培育公共数据要素市场

加快培育规范的数据要素市场,充分挖掘数据要素价值,已成为解放数据生产力的主要途径。[2] 就公共数据而言,数据要素市场的规范建构至少应从完善公共数据产权性质、加强公共数据保护、规范数据利用场景、建构公共数据有效流动的制度规范、培育数字经济新产业、新业态和新模式等维度展开。[3] 而完善公共数据权利归属则是培育数据要素市场的必要措施。公共数据产权配置既关乎公共数据保护,也制约公共数据开发利用及整个数字经济发展。就这角度而言,明晰公共数据权利归属,确立政府公共数据权利主体地位,对于规范建构公共数据要素市场,完善公共数据保护体系,推动数字经济发展意义重大。

第一,公共数据归属政府有利于推动公共数据保护。公共数据保护一方面需要明确公共数据的法律性质和法律地位,使之成为独立利益受到法律的确认和保护;另一方面需要明确公共数据的权

---

〔1〕 参见[德]伊曼努尔·康德:《法的形而上学原理——权利的科学》,沈叔平译,商务印书馆1991年版,第153页。

〔2〕 参见郭凯天:《如何解放数据生产力?》,载https://www.tisi.org/14255,最后访问日期:2020年4月26日。

〔3〕 参见《中共中央、国务院关于构建更加完善的要素市场化配置体制机制的意见》(2020年3月30日)。

属关系,确认政府作为公共数据控制者对公共数据享有权利。[1]政府对公共数据享有的权利具有“类所有权”属性,包括占有、使用、收益、处分及管控等权项。设置这些权项既指明了政府为公共数据提供保护的目标与方向,也限定了其实施保护行为的基本边界。

第二,公共数据归属政府有利于推动公共数据开发利用。公共数据开发利用意味着公共数据需要在不同的市场主体间自由流动,公共数据归属政府为其展开公共数据开发利用奠定了正当性基础,进而构筑公共数据流通的基本秩序,[2]推动公共数据交易有效实现,释放公共数据的经济价值。

第三,公共数据归属政府有助于推动数字经济发展。数字经济是以数字技术方式进行生产的经济形态,[3]数字信息的产生、传输和处理则是推动数字经济发展的核心力量。将公共数据配属给政府,由其推动公共数据的流转与利用,建构政府与私人领域协同推进的数据开发利用模式,并以此为基础制定交易规则,形成权属清晰、反应灵活、兼容高效且具有可持续性的法律制度体系,[4]有助于为数据经济高效运行提供制度保障,推动数字经济持续健康高质量发展。

4. 明确政府作为公共数据提供主体的法律义务

正所谓权利与义务相统一。政府作为公共数据权利人和实际

---

〔1〕 参见齐爱民、盘佳:《数据权、数据主权的确立与大数据保护的基本原则》,载《苏州大学学报(哲学社会科学版)》2015 年第 1 期。

〔2〕 参见高富平:《数据流通理论——数据资源权利配置的基础》,载《中外法学》2019 年第 6 期。

〔3〕 参见李长江:《关于数字经济内涵的初步探讨》,载《电子政务》2017 年第 9 期。

〔4〕 参见刘淑春:《中国数字经济高质量发展的靶向路径与政策供给》,载《经济学家》2019 年第 6 期。

控制者,有义务为公共数据开发利用提供必要的制度保障。

第一,保障公共数据数量与质量。政府在公共数据开发利用过程中,一方面应当保障公共数据的数量,依法明确公共数据的开放属性,严格非开放数据的范围,持续增加公共数据供给数据,确保社会数据总量不断增加;另一方面应当确保公共数据质量,积极采取措施对公共数据采取清洗、脱敏脱密等技术处理,有效清除数据缺失、数据冗余、数据冲突和数据错误等数据噪声,为数据分析和数据利用奠定基础。[1]

第二,维护其他数据主体的合法权益。公共数据与个人数据、企业数据及司法数据存在某些交叉重合,公共数据集合本就包含许多为自然人、法人及非法人组织享有权益的数据,此外公共数据还与国家利益及社会公共利益密切相关。政府在主导公共数据开发利用时,应当依法依约提供公共数据,严格保护国家利益、社会公共利益、企业及个人的合法权益。[2]

第三,建构完善的公共数据交易机制。政府有必要根据公共数据利用的非竞争性特点,平等自愿的公共数据要素市场化配置的现实需要,建构规范的公共数据交易实现机制。公共数据交易机制可以考虑以开放许可为基础展开制度建构。这既是保障公共数据开发利用目标实现的内在要求,也是契合公共数据利用实践特征的制度选择。有关公共数据开放许可的合理性将在下文展开论述,在此不作过多解释。

---

〔1〕 参见郝爽等:《结构化数据清洗技术综述》,载《清华大学学报(自然科学版)》2018年第12期。

〔2〕 参见《上海市公共数据开放暂行办法》(2019年上海市人民政府令第21号)第22条。

二、厘清公共数据权利客体

鉴于现有理论与实践界定数据权利客体范畴存在的局限性，本书借鉴现有研究成果以“数据集合”为基础建构数据权利客体范畴。[1] “数据集合”是由一定数量的符号化数据按照某种目的汇集形成的数据包。以“数据集合”概念统领数据权利客体范畴既具有现实的合理性又具有深刻的理论意义和实践价值。“数据集合”作为数据权利客体具有明确的可区别性和可识别性。

（一）“数据集合”作为数据权利客体的合理性

“数据集合”既是一个抽象的概念也是一个具象的表达，因此“数据集合”概念可以得到规范界定。从内部要素看，“数据集合”具有明确的质与量的要求，包含内在的逻辑自洽性；从外部关系看，不同“数据集合”之间具有明确的区分度。“数据集合”符合民事权利客体的基本特征，以之作为数据权利客体具有现实可行性。

1.“数据集合”具有明确的内容和形式要求

从内部要素看，“数据集合”应当具有明确的内容和形式要求。在内容层面，“数据集合”汇集的是符号化的数据。“数据集合”是由单条数据或者数据片段汇总形成的数据包。这个数据包汇集了来自信用、交通、医疗、卫生、就业、社保、地理、文化、教育、科技、资源、农业、环境、安监、金融、质量、统计、气象、海洋、企业登记等领域的数据资源。这些数据或是基于来源领域而自成集合，或是通过拆分组合而形成新的集合，或是呈现为最终的“数据集合”。对数据

---

[1] 因公共数据权利客体与其他类型数据权利客体具有一致性，本书认为将“数据集合”作为数据权利客体具有可行性，因此本书以数据权利客体为题对公共数据权利客体展开论述。

权利客体的界定应当考虑数据的这一内在特征,并以此为基础展开制度建构。

在形式层面,“数据集合”具有最低的数量限制。“数据集合”的核心意义在于其效益性,即满足权利主体物质利益需要的属性,“数据集合”效益性的实现以数据聚合到一定数量为基础。尽管从“数据集合”概念本身难以识别构成“数据集合”的数据数量,但具象意义的“数据集合”仍有数据数量要求,因单条数据或者数据片段承载的价值较低,难以满足使用者的物质利益需要,故作为数据权利客体的“数据集合”内在具有集合性质。只要“数据集合”能够独立地满足数据控制者的物质利益需要,便达到了构成数据权利客体的基本数量要求。

2.“数据集合”能被清晰确定

从外部角度看“数据集合”应能被清晰确定。“数据集合”能够被清晰确定,意味着在界定“数据集合”时既要将“数据集合”与“数据信息”、“数据符号”等现有概念区别开来,又要厘清“数据集合”与其他民事权利客体间的分野,同时还必须有效识别不同“数据集合”间的差异。“数据集合”确定可从如下维度展开:

第一,区分“数据集合”与“数据信息”、“数据符号”间的区别。“数据集合”与“数据信息”、“数据符号”在内容或形式层面具有差异。一方面,“数据集合”不同于“数据符号”。“数据集合”与“数据符号”的差异主要表现在形式层面。“数据集合”既是抽象的概念也是具象的表达,而“数据符号”仅是抽象的概念而无法展现具象的表达。“数据集合”既能够涵盖抽象意义的“数据符号”也可以指代具象意义的“数据符号”,唯有一定数量的“数据符号”汇集在一起才能形成具象意义的“数据集合”。而“数据符号”难以被具象化,基于“数据符号”概念我们难以确定其指代的是抽象的“数据符号”还是某一具体的“数据符号”。另一方面,“数据集合”不同于“数据信息”。“数据集合”与“数据信息”的差异主要表现在内容层面。“数据信息”是数据承载和传递的知识信息,而“数据集合”则是符号化数据形成的集合。“数据集合”是“数据信息”的表现形式,“数据信息”则是“数据集合”价值实现的主要依据。未承载任何“数据信息”的“数据集合”对于数据控制者而言毫无意义。

第二,厘清“数据集合”与传统民事权利客体的分野。“数据集合”与包括物、知识产品、人格利益等在内的传统民事权利客体之间具有明显区别。首先,“数据集合”不同于物。“数据集合”是以比特形式存在的数据符号集合,具有物理状态但无外在形态,难以为人直观感知,因此与有体物具有明显区别。而且正是因为“数据集合”具有物理状态,这使其与作为制度产品的无体物具有本质差异。“数据集合”既是创造物质财富的工具也是物质财富本身。而作为制度产品的无体物仅是法律拟制的用于分配社会资源与财富的制度工具,而非资源或财富本身。[1] 其次,“数据集合”不同于知识产品。“数据集合”一般不具有独创性,由此与作品区别开来;“数据集合”的形成一般未经系统选择和编排,因此有别于数据库;“数据集合”承载的信息多是已公开的信息,这些信息一般不属于工商业活动中的经营信息或者经营秘密,而是来自自然、气候或者水文等领域的信息,因此有别于商业秘密。最后,“数据集合”不同于人格利益。“数据集合”涵盖的主要是数据符号而非包含人格内容的信息,即便就信息角度而言,“数据集合”承载的信息范围也远大于人

〔1〕 参见吴汉东:《财产的非物质化革命与革命的非物质财产法》,载《中国社会科学》2003 年第 4 期。

格利益所体现的个人信息。[1]

第三，界定不同“数据集合”间的差异。尽管从形式上看，“数据集合”间毫无差异，不同“数据集合”承载的数据数量和信息却存在明显区别。因此以公开承载信息的方式可以将不同的“数据集合”区别开来，但这将会对“数据集合”经济价值产生消极影响。鉴于此，“数据集合”的识别和确定适宜采用事后判断模式，即在发生违法（违约或侵权）行为时由法院在个案中确定“数据集合”是否存在差异。有关“数据集合”区别采用事后判断模式的合理性，将在下文作详细论述，在此不作过多解释。

（二）以“数据集合”统领数据权利客体范畴的法律意义

以“数据集合”概念统领数据权利客体范畴具有内在的合理性，这既符合数据权利客体研究的基本方向，又契合民事权利客体体系发展的内在需求，还吻合数据要素市场建构的实践目标。

1.“数据集合”概念符合数据权利客体研究的基本方向

理论界对于数据权利客体的讨论尚无定论，无论是“单条数据或者数据片段”还是“数据符号”的观点都无法有效平息数据权利客体的争议。现有研究将数据权利客体界定为“数据符号”，已经能够在某种程度上反映数据权利客体的内在特征，却不够精当。而将数据权利客体界定为“数据集合”，则既符合数据权利客体的基本特征，也有助于推动数据权利客体研究不断走向深入。

第一，单条数据或数据片段因传递信息有限难以符合民事权利客体的效益性要求。单条数据或数据片段包含的经济价值具有低

〔1〕 更多有关“数据集合”与物、知识产品及人格利益区别的论述，参见赵加兵：《论作为数据权益客体的数据集合》，载《河北法学》2021 年第 7 期。

密度性和非直接性,[1] 难以满足数据控制者"用数据说话、用数据决策、用数据管理、用数据创新"[2] 的价值目标,因此不宜作为数据权利客体。

第二,"数据符号"因无法反映具体数据数量而难以精确概括数据权利客体。现有研究比照传统民事权利客体界定模式,将数据权利客体界定为"数据符号"的制度选择有失精当。作为物权客体的"物",既是抽象的范畴也是具象的存在。"物"的效益性既明确了抽象意义的物具有满足主体需要的属性,也限定了某一具体物必须是独立并能满足主体需要且可用金钱加以评价的东西。[3] 如果将数据权利客体界定为"数据符号",则抽象意义的"数据符号"固然具有效益性,而单条数据或者数据片段则可能难以似单个物那样能够满足主体物质利益需要,而且在很多情况下其也难以用金钱予以评价。数据经济价值的低密度性,意味着唯有数据聚集到一定数量才能展现其价值,数据数量越多价值越高。因此不能简单地将数据权利客体界定为"数据符号",毕竟"数据符号"在具象层面难以有效证明其符合民事权利客体效益性的基本特征。

第三,将数据权利客体界定为"数据集合"既符合数据权利客体的基本特征又可以避免解释层面的误解。首先,以符号层面的数据作为权利客体是数据权利客体界定的基本方向。符号层面的数据既能够相对确定又可以通过某种途径予以控制,以此作为数据权利客体具有现实可行性。内容层面的数据因难以为权利主体所控制和专有,故无法作为数据权利客体。这也是学者选择以"数据符

---

〔1〕 参见吴伟光:《大数据技术下个人数据信息私权保护论批判》,载《政治与法律》2016年第7期。

〔2〕 参见《促进大数据发展行动纲要》(国发〔2015〕50号)。

〔3〕 参见马俊驹、余延满:《民法原论》,法律出版社2010年版,第68页。

号”作为数据权利客体的主要原因。与“数据符号”相比,以“数据集合”作为数据权利客体更为贴切精确,“数据集合”是符号化数据的集合,以之界定数据权利客体比“数据符号”更具可操作性,也更符合民事权利客体的基本特点。其次,将数据权利客体界定为“数据集合”符合数据的基本特征。数据本身便具有集合特征,而集合形式的数据内在地具有满足民事主体利益需要的属性。单条数据或者数据片段虽因传递信息有限而难以满足民事权利客体的效益性要求,但众多类型相同、相似甚至毫不相关的数据形成的“数据集合”具有较高的利用价值,社会公众能够从分析结果中获取新价值,[1]从而为数据权利主体带来经济利益或者物质财富。最后,将数据权利客体界定为“数据集合”也符合人们对数据的基本认知。“从数据的类别上看,‘大数据’是指无法使用传统流程、工具处理或分析的信息,用来定义那些超出正常处理范围、大小和迫使用户采用非传统处理方法的数据集。”[2]因此,采用“数据集合”界定数据权利客体既有助于精确描述数据的基本特点,也能够在顺应数据权利客体研究方向基础上推动该项研究不断走向深入。

2.“数据集合”概念契合民事权利客体体系发展的内在需求

传统的民事权利客体体系主要包括物、知识产品、行为、人格利益等类型,[3]其分别对应物权、知识产权、债权和人格权。2020 年的《民法典》在“民事权利”部分明确将数据和虚拟财产列入其中,虽仅有一个条文,但其意义与价值不言而喻:一方面,这说明《民法

[1] 参见吴伟光:《大数据技术下个人数据信息私权保护论批判》,载《政治与法律》2016 年第 7 期。

[2] 高富平:《数据生产理论——数据资源权利配置的基础理论》,载《交大法学》2019 年第 4 期。

[3] 参见马俊驹、余延满:《民法原论》,法律出版社 2010 年版,第 66 页。

典》已承认数据财产的民事权利地位，使之成为民事权利的新类型，从而不断拓展民事权利的规制范围；另一方面，这要求不断加强民事权利客体研究，丰富民事权利客体体系，以满足民事法律制度发展需要。对比可知，现有的民事权利客体范畴难以满足数据权利发展需要，亟须拓展。而以“数据集合”作为数据权利客体对于回应民事权利客体体系发展需求具有积极意义。

第一，“数据集合”符合民事权利客体的基本特征，可被纳入民事权利客体范畴。民事权利客体应当能满足权利主体需要，并自成一体且相对确定。“数据集合”符合这一基本定位。首先，“数据集合”既能够满足数据控制者的基本需要，也具有持续开发价值。数据控制者可基于不同目的和用途展开形式多样的数据挖掘和开发，从而衍生出更多的增值服务和经济价值。[1] 其次，“数据集合”能够自成一体。无论是抽象意义的“数据集合”还是具象意义的“数据集合”，都可以在不依赖其他数据集合的情况下被独立开发和利用。如对气象数据集合的开发利用，一般不需依赖金融数据集合。最后，“数据集合”能够相对确定。“数据集合”相对确定是从现有数据样本角度展开的探讨，只要是现存数据，其在“数据集合”中就是确定的，而且借助技术手段也可以对不同“数据集合”进行界分。

第二，“数据集合”概念的提出使得民事权利客体体系更具层次性和规制力。传统民事权利客体体系中的物、知识产品、行为、人格利益等类型仅能涵盖和规制传统民事权利范畴，却无法回应数据财产权利的规制和保护需要。以“数据集合”概念统领数据权益客体范畴则既能够在理论层面厘清数据权利的规范边界，回应数据权

---

〔1〕 参见吴伟光：《大数据技术下个人数据信息私权保护论批判》，载《政治与法律》2016年第7期。

利客体理论研究和实践发展需求,推动数据财产权利客体研究不断走向深入,又有利于拓展民事权利客体体系的广度和宽度,提升民事权利客体体系的层次性和规制力。

3.“数据集合”概念的提出吻合数据要素市场建构的实践目标

《要素市场化配置体制机制意见》明确指出要加快培育数据要素市场,根据数据性质完善产权性质。在此背景下探讨数据要素市场建构及数据权利保护便显得尤为迫切。而数据产权界定以清晰界定数据权利客体为基础。权利客体是民事权利界定和分析的必要工具,正是借助权利客体才使基于价值判断形成的主观权利获得法典化地位。[1] 以“数据集合”概念统领数据权利客体体系可以为数据要素市场的规范建构提供理论支撑。基于“数据集合”概念可以延伸形成“数据集合—数据权利—数据管控者”这一“客体—权利—主体”的权利体系逻辑传导关系,从而为数据财产权利体系建构、数据权利保护与数据利用奠定理论基础。在《民法典》业已认可数据财产权利客体地位的背景下,以“数据集合”统领数据权利客体体系能够有效推动数据资源的保护与利用,加快培育健全的数据要素市场。

(三)“数据集合”区别机制与识别机制的建构模式

诚如前文所言,从“数据集合”的外部关系看,不同的“数据集合”应能被有效确定和区别开来,因此应从可识别性和可区别性角度建构“数据集合”的区别机制与识别机制。“数据集合”区别机制与识别机制一方面是要清晰确定单个“数据集合”的范围,从而将不同的“数据集合”区别开来;另一方面是要实现“数据集合”的社

---

〔1〕 参见梅夏英:《民法权利客体制度的体系价值及当代反思》,载《法学家》2016 年第 6 期。

会公开，确保其满足权利客体的社会典型公开性要求，以便社会公众有效识别“数据集合”并积极尊重和保护数据权利。

1.“数据集合”区别机制的实现模式

“数据集合”区别机制意在将不同的“数据集合”区别开来，在具体制度设置时可以考虑采用事后确定模式，即在发生违法（违约或侵权）行为时由法院在个案中确定“数据集合”是否存在差异。“数据集合”区别的事后确定模式有其内在的合理性。

第一，事后确定模式符合“数据集合”的基本特点。“数据集合”是符号化数据的集合，在不考虑数据承载内容的情况下，数据符号间毫无差别，因此难以事先区别开来。即使借助“数据集合”存储载体予以判断，也仅能证明数据存储于某一介质之上，并不能证明介质或者载体控制者便是“数据集合”的真正权利人。[1] 当然，通过公开“数据集合”承载的数据信息可以将不同的“数据集合”区别开来，却可能导致“数据集合”失去其经济价值。公开“数据集合”承载的数据信息意味着所有社会公众均将知晓相关数据信息，由此导致社会公众可能不再为该“数据集合”利用行为支付对价。就某种意义而言，“数据集合”与商业秘密具有相似性：在承载的数据信息公开前“价值连城”，在承载的数据信息公开后“一文不值”。

第二，“数据集合”区别事后确定模式具有可供参考的实践范例。《知识产权法》的实践已然表明采用客体区别事后判断标准具有现实可行性。如《商标法》在客体确定时虽采取事前确定模式，

〔1〕 众多的“数据集合”共同存储于百度网盘之上，但百度网盘仅是“数据集合”的存储载体，而真正的数据权利人则是一个个具体的用户。

即明确规定注册商标专用权的客体为注册商标。[1] 但因注册商标是一个抽象概念,仅靠法条的抽象表述并不能将一个注册商标与另一个注册商标区别开来。实践中,认定某一注册商标与其他注册商标是否相同或者相似,仍需法官在个案中予以判断。即在发生商标侵权时,由法院判断涉案标记是否存在混淆可能性。如果答案是肯定的,则认定两个商标相同或者相似。“混淆可能性”这一由司法确定并为立法肯定的识别商标相同或者相似标准的适用已然说明采用事后判断模式具有现实可行性。

第三,采用“数据集合”区别事后确定模式并不影响数据权利民事权利的基本地位。一方面,注册商标专用权的民事权利属性已然给出了清晰证明。尽管注册商标边界确定采用事后判断标准,但传统民法依然认为注册商标专用权属于民事权利范畴。[2] 另一方面,侵权法重心向利益保护的转换则为之提供了理论支撑。随着时代变迁,侵权法重心由行为自由向利益保护的转换客观上要求法官扩大对利益的保护范围,在请求权人数较少时,法官倾向于认定某些利益损害为所有权侵权,并为之提供所有权保护。[3] 换言之,在扩大利益保护范围的背景下,法律需要将那些不符合典型民事权利要求的利益上升为权利。对比可知,数据权利完全符合这一基本要求。数据的权利人是数据管控者,在发生侵权时,理论上唯有数据

---

〔1〕 参见《中华人民共和国民法典》(2020 年 5 月 28 日第十三届全国人民代表大会第三次会议通过)第 123 条。但根据我国《商标法》之规定,我国商标专用权以注册取得为原则,因此就规范角度而言,应将注册商标专用权的客体界定为是“注册商标”。参见《中华人民共和国商标法》(根据 2019 年 4 月 23 日第十三届全国人民代表大会常务委员会第十次会议《关于修改〈中华人民共和国建筑法〉等八部法律的决定》修正)第 3 条。

〔2〕 参见《中华人民共和国民法典》(2020 年 5 月 28 日第十三届全国人民代表大会第三次会议通过)第 123 条。

〔3〕 参见于飞:《侵权法中权利与利益的区分方法》,载《法学研究》2011 年第 4 期。

管控者有资格提起诉讼,故而请求权主体确定。因请求权主体只有一个,自然不会导致损害赔偿请求权的过度适用。因此将数据权利认定为民事权利“既能满足社会扩大利益保护的需求,又不会招致严重的负面后果”。[1]

2.“数据集合”识别机制的实现模式

“数据集合”识别机制意在确保“数据集合”足够典型公开,便于社会公众发现识别“数据集合”。“数据集合”识别机制建构可以采用交易确定模式,即通过公开交易信息使“数据集合”具备社会典型的法益公开性。虽然公开交易信息并不能使社会公众借助视觉感知观察和确定“数据集合”,却借助技术手段实现了权利客体公示。就这一角度而言,“数据集合”识别的交易确定模式与传统民事权利客体事前确定模式在产权保护及其经济效率上具有一致性。[2] “数据集合”识别的交易确定模式具有内在的合理性。

第一,“数据集合”识别的交易确定模式能够实现权利客体的社会典型公开。通过公开交易信息,实现了“数据集合”的特定化和公开化。由此使社会公众既知晓“数据集合”真实客观存在,又较为明确地确定了“数据集合”的权利归属。

第二,“数据集合”识别的交易确定模式具有实践基础。不动产登记制度可为“数据集合”识别的交易确定模式确立提供参考与借鉴。登记是不动产及某些特殊动产公示的基本方式,是对物权变动事实的公开和确认。物权登记制度不仅完成了权利客体的特定化和公开化,也实现了对交易安全和交易秩序的维护。因此,可以将不动产物权变动登记公示模式借用到“数据集合”识别机制建构

---

〔1〕 于飞:《侵权法中权利与利益的区分方法》,载《法学研究》2011 年第 4 期。

〔2〕 参见高永周:《论物权公示公信的法律结构》,载《河北法学》2021 年第 3 期。

之中,作为“数据集合”公示的基本方式。与不动产登记公示不同,“数据集合”在信息公开时需要采取主动公开模式。不动产本身客观确定,足以发挥识别功能,故不动产登记信息公示可以采取依申请公开模式。“数据集合”以电磁形式存在,不能以视觉感知,无法依靠自身实现客体识别。为便于公众识别和感知,应将“数据集合”交易记录对外公开。但对外公开的仅是交易记录,而非“数据集合”承载的内容,任何对“数据集合”承载内容的公开都将给该“数据集合”的开发利用带来无法估量的损失。

三、界定公共数据权利法律属性

从其性质看,公共数据权利具有专有权属性,以专有权为基础界定公共数据法律属性具有内在合理性。

(一)公共数据权利的性质定位

从其性质看,政府对公共数据享有的是权利而非利益,这种权利具有“类所有权”属性。公共数据权利,是政府对其收集和管控的公共数据享有的专有权,包括占有权、使用权、收益权、处分权和管控权等权项。这些权利既与所有权具有较高的重合度,也具有某些所有权无法规制的范畴,故可以认为公共数据专有权具有“类所有权”性质。

1. 公共数据权利具有民事权利属性

公共数据权利具有归属效能、排除效能和社会典型公开性,满足民事权利的基本要求,[1]应当被归入民事权利范畴。

第一,公共数据权利具有归属效能。归属效能的核心要义在于

---

〔1〕 参见于飞:《侵权法中权利与利益的区分方法》,载《法学研究》2011 年第 4 期。

将确定的利益归属于特定主体。“一项主观权利的归属内容必须客体确定而且界限清晰……只有当一个确定的物的主体能够排除他人对此物的利用,进而能够对该物支配使用时……一项确定的主观权利才被个别地归入一个确定的主体。”〔1〕“数据集合”作为数据权利客体能够被清晰地识别和确定。“数据集合”确定应采取事后判断模式。“数据集合”作为数据权利客体的可行性及“数据集合”确定事后判断模式的正当性已在前文进行详细阐述,在此不作过多介绍。

第二,公共数据权利具有排除效能。公共数据权利的排除效能意在说明权利人有权排除他人对公共数据权利的不法干涉。根据民法一般原理,公共数据权利作为一项绝对权,权利人有权禁止社会公众未经许可使用其控制的“数据集合”。公共数据权利与所有权极为相似,均具有占有、使用、收益及处分等权能,因此可以借鉴物权保护模式为“数据集合”提供保护,从而相对规范地解释公共数据权利的排除效能。从实现方式看,公共数据权利排除效能的实现有赖于返还原物请求权,排除妨碍、消除危险请求权,恢复原状请求权等建构的请求权体系。从归属效能与排除效能的关系看,归属效能是排除效能的基础,只有法律将一项确定的、边界清晰的“数据集合”归属于权利人时,权利人才能与潜在侵权人划清界限,当侵权人越过界限时,权利人可以请求排除该项非法干涉,法院也才能为之提供保护。〔2〕

第三,公共数据权利具有社会典型公开性。社会典型公开性源

---

〔1〕 Larenz, Wolf, Allgemeiner Teil des Bürgerlichen Rechts, 9. Auflage, Verlag C. H. Beck, München 2004, p. 243. 转引自于飞:《侵权法中权利与利益的区分方法》,载《法学研究》2011 年第 4 期。

〔2〕 参见于飞:《侵权法中权利与利益的区分方法》,载《法学研究》2011 年第 4 期。

于社会与文化的共通认识并建立在可感知的客体之上,是从人们对社会文化普遍认知与经验中寻找受保护对象一般意义的可感知性,其强调客体在法律上应具有一般意义的可识别性,即足够典型、规律和公开。[1] 数据权利客体的可识别性及法益的社会公开性可以采用交易确定模式予以实现。即通过公开交易信息实现权利客体的确定和法益的公开。公开交易信息既能实现"数据集合"特定化又能实现"数据集合"公开化,由此使社会公众一方面知晓"数据集合"真实客观存在,另一方面也相对确定"数据集合"的权利归属。数据权利客体识别的交易确定模式的合理性已在前文作出详细论述,在此不作过多解释。

2. 公共数据权利呈现所有权色彩

从基本权能看,公共数据权利包括占有、使用、收益及处分等权项,这与所有权具有一致性。学者们也认可数据权利的所有权属性,认为其是一项接近于所有权的权利,社会公众对其收集或控制的数据可以占有、使用、收益和处分,[2] 因此这类财产权具有接近于所有权的法律地位。对于公共数据权利的所有权属性可以从如下维度得到合理解释:

第一,公共数据由政府收集和管控,政府对于公共数据的收集和管控已然构成民法意义上的占有,且是合法有权占有,可以基于占有产生使用和收益权能。而且政府对公共数据的占有属于独占排他占有,其享有排除他人对公共数据不法干涉的权利。此外,基于公共数据的公共资源属性,政府可以对其管控的公共数据享有处

[1] 参见于飞:《侵权法中权利与利益的区分方法》,载《法学研究》2011 年第 4 期。
[2] 参见龙卫球:《数据新型财产权构建及其体系研究》,载《政法论坛》2017 年第 4 期。

分权。[1]

第二,公共数据权利不同于他物权与担保物权。用益物权的客体是"动产和不动产"等有体物,[2]而数据权利客体是"数据集合","数据集合"与物之间的差异决定了公共数据权利与用益物权之间存在不协调之处。而担保物权是一种从属于债权的权利,担保物权的发生和存续必须以一定债权关系发生和存在为前提。[3] 公共数据权利则是一项独立的权利,不依附其他权利而存在。

第三,公共数据权利的所有权属性得到了地方立法的认可。西安市公共数据立法规定,政务数据资源所有权归国家所有,属于国有资产管理范畴。[4] 广东省政务数据立法则直接规定政务数据资源所有权归政府所有。[5] 尽管各地在公共数据权利主体方面认识并不一致,但都认为公共数据权利具有所有权色彩。以所有权为基础解释公共数据权利的法律属性不仅契合公共数据立法实践的基本趋势,也有利于推动民事法律制度的发展完善。

3. 公共数据权利具有专有权特征

尽管公共数据权利呈现所有权色彩,但其传统所有权仍具有内在差异。公共数据权利与传统所有权的区别,可以从如下维度得到合理解释:一方面,公共数据不属于所有权的规制范畴。所有权的

---

〔1〕 参见《中华人民共和国民法典》(2020 年 5 月 28 日第十三届全国人民代表大会第三次会议通过)第 255 条。《民法典》规定国家机关对其直接支配的动产和不动产享有占有、使用、收益及按照法律和国务院有关规定处分的权利。根据上文对公共数据公共资源法律属性的分析可知,包括动产、不动产及公共数据等在内的要素均是公共资源的组成部分,因此可以推知,政府对其管控的公共数据也享有处分权能。

〔2〕 参见《中华人民共和国民法典》(2020 年 5 月 28 日第十三届全国人民代表大会第三次会议通过)第 323 条。

〔3〕 参见马俊驹、余延满:《民法原论》,法律出版社 2010 年版,第 403 页。

〔4〕 参见《西安市政务数据资源共享管理办法》(市政发〔2018〕47 号)第 7 条。

〔5〕 参见《广东省政务数据资源共享管理办法(试行)》(粤府办〔2018〕50 号)第 4 条。

客体是物，即动产或不动产。而“数据集合”是以比特形式存在的数据符号集合，具有物理状态但无外在形态，难以为人直观感知，与有体物具有明显区别。因此，难以完全套用传统民法中的所有权制度规制公共数据及解释公共数据权利的法律属性。

另一方面，公共数据权利中的管控权非传统民法意义的所有权所能涵盖。公共数据管控权是基于公共数据的特殊性确立的一项新型权利类型，意在通过赋予作为公共数据管控者和提供者的政府以管控权，保护公共数据可能承载的公共利益及社会成员的合法权益。这项权利的设置不是为了保护公共数据控制主体的利益，而是为了保护公共数据提供主体之外的国家、社会及个人的合法权益。确保公共数据利用不会损及国家安全、企业商业秘密及个人隐私等合法利益。就某种意义而言，公共数据管控权既是政府的一项权利，也是其应当承担的一项义务。而传统所有权理论既难以规制该项权利，也无法解释该项权利产生的正当性。

（二）公共数据专有权确立的正当性

鉴于现有数据保护模式难以有效解决公共数据权益配置难题，有必要在借鉴现有数据财产权利理论模型的基础上探寻新的制度设计，以回应日益紧迫的公共数据利用需求。笔者认为，以公共数据专有权为基础规制公共数据利用和保护行为是可资参考的制度方案。

1. 公共数据专有权回应公共数据利用与保护具有内在优势

与数据权、数据资产权及知识产权等理论模型相比，公共数据专有权在回应公共数据利用与保护方面更具优势。

第一，与数据资产权及数据权等相比，公共数据专有权更贴合公共数据利用的现实需要。维护数据安全是数据要素市场建构的核心原则,这要求作为公共数据权利主体的政府应当对数据利用行为享有管控权,能够及时跟踪、评估和管控数据开发利用行为,确保数据授权利用不会引发数据安全风险。因公共数据管控权已然超出传统意义所有权的规制范畴,因此以传统所有权为基础建构起的数据资产权及数据权模式难以提供有效规制。而公共数据专有权则内在地包含数据管控权能,政府可依公共数据专有权对数据利用行为实施管控,在及时规避或者制止可能出现的数据安全风险的同时,探寻公共数据市场化配置有效实现的制度方案。

第二,与知识产权相比,公共数据专有权能够为公共数据利用与保护提供更为全面的制度方案。公共数据专有权既能为符合知识产权客体要求的公共数据提供保护,也能为不符合知识产权客体要求的公共数据提供规制方案。公共数据若不符合知识产权客体要求,则可采用公共数据专有权为之提供保护。

对于符合知识产权客体要求的公共数据,其既可以受到知识产权保护又能为公共数据专有权规制,此时将不可避免地产生法律适用冲突,采取何种保护模式意义重大。在此情况下,可以考虑允许公共数据提供主体自主选择权利保护模式。即在发生数据侵权时,允许公共数据提供主体自由选择是适用知识产权保护数据集合还是沿用公共数据专有权维护自身合法权益。这种权利保护模式已经得到理论及实践的认可。在产品缺陷致人损害场合,法律允许受害人自由选择维护对象,其可以要求产品生产者赔偿,也可以要求产品销售者赔偿。[1] 换言之,此时法律赋予受害人以选择权,其可

〔1〕 参见《中华人民共和国产品质量法》(根据2018年12月29日第十三届全国人民代表大会常务委员会第七次会议《关于修改〈中华人民共和国产品质量法〉等五部法律的决定》修正)第43条。

以基于违约责任寻求救济，也可以基于侵权责任寻求救济。至于采用何种保护模式，则由受害人基于自身利益需要自主作出判断与选择。我们可以将法律解决违约请求权与侵权请求权竞合的制度方案借用至公共数据侵权纠纷解决之中，赋予公共数据提供主体自主选择权，由其决定是适用知识产权请求权还是适用公共数据专有权请求权处理该项侵权纠纷。

但需要说明的是，公共数据若因符合商业秘密保护条件而受商业秘密保护时，应当采取公共数据专有权保护模式。一方面，采取商业秘密保护公共数据，与《民法典》以民事权利规制数据权利的现有制度实践不相契合，详细理由已在前文予以详细论述，在此不作过多解释；另一方面，采取公共数据专有权保护公共数据有助于建构稳定的产权保护模式，促进公共数据规范利用和数字经济健康发展。

2. 公共数据专有权理论模型契合生产资料所有制的基本运作模式

从其性质看，公共数据可被归入生产资料范畴。生产资料是人们从事社会物质生产所需的一切物质条件，是生产力中物的因素及生产方式的物质基础。[1] 对于社会经济持续发展而言，生产资料是满足社会化大生产需要及进行扩大再生产的主要材料。公共数据具备成为生产资料的基本条件。在大数据时代，包括公共数据在内的数据要素已是国家重要的基础性战略资源，成为推动经济转型发展的新动力、重塑国家竞争优势的新机遇和提升政府治理能力的

---

〔1〕 参见靳书君、王凤：《马克思主义"生产资料"概念中国化考论》，载《中共福建省委党校学报》2018 年第 3 期。

新途径。[1] 在此背景下，将公共数据界定为生产资料具有内在的正当性和深刻的实践价值，对于推动我国大数据产业健康成长及数字经济高质量发展具有重要意义。

公共数据一旦被归入生产资料范畴，则可基于现行生产资料运作模式展开数据开发利用，即由政府代表国家行使公共数据权利，遵照要素市场化配置的基本规则授权市场主体开发利用公共数据，并获取享有授权费用。这也是公共数据专有权建构的基本出发点。通过明确公共数据专有权的民事权利属性，清晰界定其占有、使用、收益、处分及管控等权项，可以有效确保政府在既定所有制框架内展开公共数据开发利用自主权的有效实现。政府对公共数据享有的专有权承载着“对国有财产的保护、对其用途的合理安排以及对使用权的公平合理配置”[2] 的价值目标，其服从和服务于全民享有的实质所有权。

3. 公共数据专有权模型符合公共数据要素市场建构的基本目标

《要素市场化配置体制机制意见》要求根据数据性质完善产权性质，加快培育数据要素市场。而明确公共数据的产权性质及其权利内容则是规范建构数据要素市场的应有之义。基于公共数据基本属性及其利用特点确立的公共数据专有权，从权利性质、权利客体、权利主体、权利内容及权利利用模式等维度建构了较为完整的公共数据权利保护和利用体系，这有助于规范培育数据要素市场建设、释放公共数据价值，促进数字经济发展。

---

〔1〕 参见《促进大数据发展行动纲要》（国发〔2015〕50 号）。

〔2〕 肖泽晟：《论国家所有权与行政权的关系》，载《中国法学》2016 年第 6 期。

四、划定公共数据权利内容

从其权利内容看,公共数据专有权至少包括占有权、使用权、许可权、处分权及管控权等权项。公共数据由政府收集或者生成,政府对其享有合法占有权,因这一权利与民法中的占有权能并无本质差异,故在此对其不作单独介绍,将之置于使用权章节展开阐述。政府作为公共数据权利人可以基于数据利用获取收益,这种收益主要基于公共数据许可而非转让方式得以实现,因此本书以“许可权”代替“收益权”,相关理由将在下文展开详细论述。

(一)公共数据使用权

公共数据使用权强调的是政府有权按照实际需要以一定方式规范使用公共数据。公共数据由政府收集和占有,政府理应享有使用权,这也是公共数据专有权的应有之义。从权利实现方式看,公共数据使用权既可以由政府行使也可以通过外许可方式授权市场主体行使。无论是政府利用公共数据还是授权其他市场主体利用公共数据,都符合公共数据使用权的设置目的和要求。

(二)公共数据许可权

公共数据许可权,是指政府授权许可市场主体使用公共数据并收取许可使用费。政府以有偿方式使用公共数据符合公共数据利用的基本逻辑。首先,政府作为数据权利主体可以通过公共数据开发利用获取经济利益。其次,以授权许可方式利用公共数据符合我国生产资料社会主义公有制的基本要求。公共数据是生产资料类公共资源,按照生产资料社会主义公有制和保障、巩固国有经济发展的要求,政府应优先将公共数据作为出资交由国有企业展开运营,只有不宜交由国有企业运营时,才可以竞争性方式交由市场主体利用。[1] 公共数据便是不宜直接交由国有企业运营的公共资源。需要将公共数据授权给市场主体开发利用。再次,公共数据有偿许可使用符合公共资源使用的基本原则。公共数据与自然资源同属公共资源,我国《民法典》规定自然资源实行有偿使用制度,[2] 由此可以推知,公共数据也可以采取有偿使用制度。最后,公共数据专有权具有收益权能已然得到相关政府规章的肯定与认可。西安市明确规定,政府对公共数据享有收益权,可以通过公开招标方式展开公共数据授权开发,并获取授权收益。[3]

（三）公共数据处分权

公共数据处分权,是指政府作为权利人享有对公共数据进行事实或者法律处分的权利。公共数据的公共资源属性决定了政府的公共数据处分权应当受到必要限制。一方面,应当限制政府对公共数据的事实处分,防止公共数据的丢失与毁损。有的数据立法规定,政府应当明确公共数据删除或销毁的责任主体、[4] 销毁对象、流程和技术等要求,以不可逆方式销毁数据内容。[5] 另一方面,应当限制政府对公共数据的法律处分,明确公共数据的不同流通性,禁止政府以买卖、互易、抵押及其他形式转让公共数据所有权。对公共数据处分权进行限制主要基于如下理由:

第一,实现公共数据市场化配置的基本目标。公共数据市场化

---

〔1〕 参见肖泽晟:《论国家所有权与行政权的关系》,载《中国法学》2016 年第 6 期。

〔2〕 参见《中华人民共和国民法典》(2020 年 5 月 28 日第十三届全国人民代表大会第三次会议通过)第 325 条。

〔3〕 参见《西安市政务数据资源共享管理办法》(市政发〔2018〕47 号)第 6、28、32 条。

〔4〕 参见《安徽省大数据发展应用条例(草案征求意见稿)》第 39 条,载 http://www.ahwx.gov.cn/zcfg/gfxwj/202007/t20200717_4674955.html,最后访问日期:2020 年 8 月 1 日。

〔5〕 参见《海南省大数据开发应用条例》(2019 年 9 月 27 日海南省第六届人民代表大会常务委员会第十四次会议通过)第 47 条。

配置以公共数据使用权为交易标的,遵循“原始数据不出域,数据可用不可见”的数据利用原则。由此决定了公共数据提供主体的数据处分权必然受到相应的限制。一方面,公共数据市场化配置允许市场主体开发利用公共数据,但严格限制向市场主体提供原始公共数据,由此决定了公共数据提供主体既不能在事实层面也不得通过法律处分方式向市场主体提供原始公共数据;另一方面,“原始数据不出域,数据可用不可见”的数据利用原则,要求公共数据提供主体只能在指定的场域内提供公共数据,数据利用主体必须在指定场域开发利用公共数据,不得将原始公共数据带出指定场域,以此限制政府的数据处分行为。公共数据市场化配置不允许也不能够以独占或者排他方式实施。因此,以转让所有权形式将公共数据交由特定主体独家控制有违公共数据市场化配置的基本目标与方向。

第二,固守公共资源的基本属性。公共资源这类专属于国家的基础性战略资源,对其转让应当受到严格的限制,政府仅能交易其使用权,不得通过买卖、互易等方式转让其所有权。这已然是公共资源交易的基本共识。法律意义的公共资源交易是对政府投资的工程建设项目招投标、土地使用权和矿业权出让、主要污染物排污权、碳排放权、特许经营权、林权等的交易活动。[1] 对于自然资源类公共资源,法律严格限制政府转让其所有权。公共数据虽然不属于传统的自然资源类公共资源,但公共数据之于国家经济社会发展的重要意义,对于国家安全维护的重大作业,决定了必须严格限制原始公共数据的市场流转。而且就某种意义上而言,公共数据也具有非可再生属性,随着公共数据所有权的转让,政府未经许可也不

---

〔1〕 参见《河南省公共资源交易监督管理办法》(豫公管委〔2017〕2 号)第 2 条。

能再行获取和使用被转让的公共数据，严重影响可开发利用的公共数据集合的完整性。因此，就保障公共数据市场化配置有序实施角度而言，有必要参照土地等自然资源所有权规则模式，明确公共数据专有权效力的非流通性。

(四)公共数据管控权

公共数据管控权，是指政府作为权利人对公共数据利用活动享有跟踪、评估和管理的权利。公共数据管控权的权利内容主要包括追踪、评估及管理等权项。追踪、评估与管理等权项间各有侧重点。

首先，对公共数据利用活动进行追踪意在了解数据利用的真实情况。确保公共数据开放主体能够及时核实数据利用活动，为识别数据利用主体是否依法依约利用公共数据奠定基础。[1]

其次，对公共数据利用活动进行评估意在判断数据利用活动是否合法适当，以此探寻和确定公共数据价值实现的最佳方式。数据利用主体是否遵照公共数据授权利用协议要求依法依约利用公共数据，直接决定公共数据市场化配置的实施效果。数据利用主体严格按照许可协议规定利用数据可以有效维护国家安全、社会公共利益及相关数据主体合法权益。而且禁止滥用数据，维护数据安全本就是数据利用主体的基本义务。有学者在其建构的“中国政府数据开放许可协议”中明确指出“被许可人应实名签署许可协议，真实上报数据使用目的和场景，接受开放政府数据管理部门对数据去向的追踪、监管和问责。不在任何场景滥用开放政府数据”。[2] 这也从法律层面证成了授予公共数据提供主体以数据管控权的正当性。

---

〔1〕 参见《上海市公共数据开放暂行办法》(2019 年上海市人民政府令第 21 号)第 27 条第 1 款。

〔2〕 参见范佳佳:《中国政府数据开放许可协议(CLOD)研究》，载《中国行政管理》2019 年第 1 期。

此外,对数据利用活动进行评估也能够在比较现有数据利用活动优点与局限性的基础上,探寻公共数据价值实现方式的有效方式。当前公共数据开发尚处于起步阶段,公共数据提供主体与市场主体都在探寻公共数据价值实现的有效方案。公共数据提供主体对数据利用活动进行跟踪评估,有助于及时发现公共数据开发利用新的利益增长点,进一步优化公共数据市场化配置实施方案,提高公共数据利用的质量与效率。

最后,对公共数据利用活动进行管理意在监督数据利用活动及处罚不当数据利用行为。[1] 政府作为公共数据提供主体,需要对公共数据市场化配置实施有效监管,确保数据利用活动依法依约展开,保障数据安全。这也符合《数据安全法》的基本精神。《数据安全法》要求国家机关建立数据安全管理制度,落实数据安全保护责任,保障政务数据安全。[2] 赋予公共数据提供主体以数据管控权则是落实数据安全法律制度基本要求的现实需要,以此明确数据安全管控的基本方向与范围,确保公共数据市场化配置有序展开。而处罚不当数据利用行为既是实施数据利用监管的有效手段,也是公共数据管控权的应有之义。而且授权政府以公共数据管控权也具有可供借鉴的制度方案。在公共资源利用场合,为加强公共资源利用与保护,也会赋予权利人以管控权。如在土地承包经营场合,法律明确授予发包人监督权,监督承包人按照承包合同约定的用途合

〔1〕 需要特别说明的是,这里的管理权是私法意义上的管控权利,而非公法意义上的行政管理职能。

〔2〕 参见《中华人民共和国数据安全法》(2021 年 6 月 10 日第十三届全国人民代表大会常务委员会第二十九次会议通过)第 39 条。

理利用与保护土地。[1]

为推动公共数据市场化配置的有序展开,有必要对公共数据管控权设置相应限制。一方面,公共数据管控权行使严格遵循区分原则。政府在行使公共数据管控权时应当对被监管数据进行必要区分,在加强对涉及国家利益、公共安全、商业秘密、个人隐私、军工科研生产等数据[2]监管的同时,有效减少对自然、交通、地理、环境、气象、海洋等非重点或者非敏感领域数据利用行为的管控,积极推动该类数据的商业开发利用,释放数据红利,激发大众创业、万众创新活力。[3] 另一方面,公共数据管控权行使严格遵循权责统一原则。公共数据提供主体不得干涉数据利用主体正常的数据使用活动,不得泄露数据利用主体的商业秘密,不得采集、存储或者传播数据利用主体自主收集或者存储的非由政府提供的数据集合及与公共数据相同或者相似的数据集合。

第三节　公共数据交易实现机制的规范建构

鉴于现行以行政合同为基础规制公共数据市场化配置存在局限性,本书认为,应当以民事合同为基础建构公共数据交易实现机制。并从确立公共数据授权利用协议民事合同属性,明确数据使用权的公共数据授权利用交易对象法律定位,设定市场化的公共数据

---

〔1〕 参见《中华人民共和国农村土地承包法》(根据 2018 年 12 月 29 日第十三届全国人民代表大会常务委员会第七次会议《关于修改〈中华人民共和国农村土地承包法〉的决定》)第 14 条第 2 款。

〔2〕 参见《促进大数据发展行动纲要》(国发〔2015〕50 号)。

〔3〕 参见《促进大数据发展行动纲要》(国发〔2015〕50 号)。

交易价格形成机制。

一、确立公共数据授权利用协议民事合同属性

将公共数据授权利用协议纳入民事合同范畴具有内在的正当性,就其特点而言,公共数据授权利用协议契合开放许可的基本特征,可以开放许可为基础建构公共数据授权利用协议的实施模型。

(一)公共数据授权利用协议民事合同属性界定的正当性

从契合公共数据生产要素属性、实现公共数据授权利用制度价值角度出发,将公共数据授权利用协议界定为民事合同具有现实必要性与可行性。

1.公共数据授权利用协议民事合同属性的合理性

公共数据授权利用是释放公共数据生产要素价值的必要途径,主要通过市场化方式配置公共数据,借助民事法律制度保障其制度价值实现。[1] 因此应当将公共数据授权利用协议界定为民事合同,这既符合我国生产资料利用的基本特征,也契合数据要素市场化配置的发展方向,还具有现实的制度实践可供参考借鉴。

第一,这符合我国生产资料利用的基本特征。生产资料是人们从事社会物质生产所需的一切物质条件,是生产力中物的因素,其既包括象征财富的资本、土地等生产要素,也包括制作某种物品的材料、工具。[2] 在数字时代,数据成为新的生产要素和生产资

---

〔1〕 参见申卫星、刘云:《民法典是社会主义市场经济的基本法》,载《光明日报》2020年5月30日,第7版。

〔2〕 参见靳书君、王凤:《马克思主义“生产资料”概念中国化考论》,载《中共福建省委党校学报》2018年第3期。

料。[1] 大数据、人工智能等新一代信息技术的广泛应用显著降低了数据的获取和利用成本，由此使得数据的及时获取和低价利用成为可能。数据的大规模可得性和价格低廉性决定了其可以独立成为生产资料参与经济运行，重塑经济发展和运行模式。[2] 数据还可与其他要素相结合，实现优势互补，协同促进经济可持续发展。[3] 按照生产资料社会主义公有制的基本要求，生产资料为全民所有或者劳动群众集体所有，由国家代表全民使用和管理生产资料。国家可以通过市场化方式配置生产资料，并行使收益权。按照生产资料社会主义公有制和保障巩固国有经济发展的要求，国家应当优先将生产资料作为对国有企业的出资，在其不适宜作为国家出资分配给国有企业时，才可以公平竞争方式通过市场机制配置给其他主体，签订出让合同并收取出让费用，此阶段行为主要适用民法加以调整。[4] 公共数据作为生产资料的重要组成部分，也应当按照生产资料社会主义公有制的制度逻辑展开开发利用，即以民事合同为基础展开授权利用，发挥市场在公共数据配置中的决定性作用，[5] 由此决定了公共数据授权利用协议应当被纳入民事合同规制范畴。

第二，这契合数据要素市场化配置的发展方向。数据的生产要素地位，已然得到国家层面的有效确认。根据要素市场化配置的基

---

〔1〕 参见《中共中央、国务院关于构建更加完善的要素市场化配置体制机制的意见》(2020年3月30日)。

〔2〕 参见李海舰、赵丽：《数据成为生产要素：特征、机制与价值形态演进》，载《上海经济研究》2021年第8期。

〔3〕 参见白永秀等：《数据要素：特征、作用机理与高质量发展》，载《电子政务》2022年第6期。

〔4〕 参见肖泽晟：《论国家所有权与行政权的关系》，载《中国法学》2016年第6期。

〔5〕 参见《中共中央、国务院关于构建更加完善的要素市场化配置体制机制的意见》(2020年3月30日)。

本要求,数据要素市场建构应当发挥市场配置资源的决定性作用,在遵循数据要素市场配置、数据要素市场定价、数据要素市场交易和数据要素市场竞争基本原则的基础上,推动数据要素供求通过市场交易方式实现。[1] 市场决定数据资源配置的本质,是在数据资源交易中遵循价值规律,让价值规律、竞争和供求规律在数据资源配置中起决定性作用。[2] 这要求以民事合同为基础,根据数据权属、数据要素市场准入及数据交易特点等内容建构数据交易规则体系,有效降低因不正当竞争、不完全信息和机会主义行为所产生的交易成本,不断提高数据资源利用的质量和效率。[3] 公共数据是数据要素的重要组成部分,理应参与数据要素市场化配置,成为数据要素市场培育的核心推动力量,在构建数据要素流通规则、培育数据要素市场方面发挥引领作用。[4] 在具体制度建构层面,应当在遵循自愿平等、等价有偿及诚实信用等基本原则的基础上,基于民事合同展开公共数据资源配置。而将公共数据授权利用协议界定为民事合同则是推动公共数据市场化配置的现实选择。

第三,这具有现实经验可供参考借鉴。国有土地使用权出让协议民事合同属性界定的制度实践,为公共数据授权利用协议民事合同性质界定提供了借鉴模板。在国有土地使用权出让时,土地出让

〔1〕 参见何玉长、王伟:《数据要素市场化的理论阐释》,载《当代经济研究》2021 年第 4 期。

〔2〕 参见刘翔峰、刘强:《要素市场化配置改革研究》,载《宏观经济研究》2019 年第 12 期。

〔3〕 参见刘守英、熊雪锋:《〈民法典〉与高水平社会主义市场经济》,载《北京大学学报(哲学社会科学版)》2020 年第 6 期。

〔4〕 参见中国软件评测中心:《公共数据运营模式研究》,载《软件和集成电路》2022 年第 6 期。

方按照平等、自愿、有偿原则与土地使用方签订合同，[1] 在合同内容及合同履行方面民事元素居于核心地位，因此应当将其界定为民事合同。[2] 将国有土地使用权出让合同界定为民事合同符合《民法典》中物权、合同等制度的基本要求，有助于维护契约严肃性和保障交易安全。[3] 即便是在国有土地使用权收回场合，土地出让方也只能按照民事合同的基本要求，基于土地使用权期限届满或者土地使用者违约等事由收回国有土地使用权。[4] 公共数据与国有土地均属生产要素范畴，二者在利用方面均需发挥市场配置资源的决定性作用，并基于使用权交易建构资源配置制度安排。鉴于以民事合同属性界定国有土地使用权出让协议，之于国有土地经济价值释放的推动意义，公共数据市场化配置有必要借鉴国有土地市场化配置的制度成果，将公共数据授权利用协议纳入民事合同规制范畴，以民事法律制度为基础建构公共数据授权利用规则体系。

2. 对质疑公共数据授权利用协议民事合同属性观点的回应

以民事合同界定公共数据授权利用协议的法律属性可能会引发异议甚至质疑，认为以民事合同为基础展开公共数据授权利用可能会危及数据安全，导致政府“与民争利”。[5] 而将公共数据授权利用协议界定为行政协议既有助于维护数据安全，也符合公共管理和服务机构行政主体的身份定位，这不会引发社会公众产生政府

---

〔1〕 参见《中华人民共和国城镇国有土地使用权出让和转让暂行条例》（根据2020年11月29日《国务院关于修改和废止部分行政法规的决定》修订）第11条。

〔2〕 参见崔建远：《行政合同族的边界及其确定根据》，载《环球法律评论》2017年第4期。

〔3〕 参见王利明：《论行政协议的范围——兼评〈关于审理行政协议案件若干问题的规定〉第1条、第2条》，载《环球法律评论》2020年第1期。

〔4〕 参见金俭：《国有土地使用权收回制度重构》，载《西南民族大学学报（人文社会科学版）》2013年第1期。

〔5〕 参见吴忠民：《应走出与民争利的困境》，载《学习与探索》2015年第7期。

“与民争利”的顾虑。对于这些质疑声音作出必要回应,可以进一步证成公共数据授权利用协议民事合同法律属性的合理性。

第一,将公共数据授权利用协议界定为民事合同能够有效维护数据安全。将公共数据授权利用协议界定为行政合同的核心理由在于,基于行政合同,公共管理和服务机构能够行使行政优益权,基于维护公共利益需要可以随时解除合同,以有效维护数据安全。以民事合同为基础建构公共数据授权利用规则体系也能够维护数据安全,而且还不致引发行政权滥用的负面效应。数据安全关注的是持续保障数据安全的能力,而非单纯的静态制度安排。换言之,维护数据安全强调的是公共数据授权利用过程中及授权利用之后数据是否处于安全状态。公共数据市场化配置活动的有序展开,已然说明公共数据处于安全环境之中,就这一角度而言,以民事合同为基础建构公共数据授权利用规则能够达至维护数据安全的效果。通过为数据利用主体设置严格的合同义务与法律责任,在发生危及数据安全或者公共利益事件时,基于追究违约责任,公共管理和服务机构也可以解除合同,撤回授权。而且以民事合同规制公共数据授权利用,可以确保合同双方当事人处于平等地位,以自愿有偿方式展开数据开发利用,减少甚至杜绝公共管理和服务机构滥用行政优益权侵害数据利用主体合法权益现象的发生,[1] 以此维护合同当事人合理的心理预期。而赋予公共管理和服务机构行政优益权虽能确保其基于维护数据安全目的随时解除授权利用协议,却在实质上造成了双方当事人地位的不平等,为公共管理和服务机构滥用行政优益权大开方便之门,影响公共数据授权利用的有序展开。事

〔1〕 参见崔建远:《行政合同族的边界及其确定根据》,载《环球法律评论》2017 年第 4 期。

实上,行政机关在行政协议中并不享有抽象的、普遍的、无条件的优益权,其只有在法律直接授权或者合同具体约定的条件下才享有优益权,而且行政机关在行政协议中也不享有单方面的合同解除权。〔1〕因此,将公共数据授权利用协议界定为行政合同非但不会如愿产生维护数据安全的效果,而且还会引发市场主体对政府干预市场的担忧。而将公共数据授权利用协议纳入民事合同规制范畴,则可以有效规避上述弊端,推动公共数据市场化配置的有效展开。

第二,政府可以成为民事合同主体参与市场行为。将公共数据授权利用协议界定为行政协议的另一个重要理由,是认为公共数据授权利用协议是公共管理和服务机构代表国家与数据利用主体签订的合同,合同一方的公权力主体地位决定了应当将公共数据授权利用协议归入行政合同范畴。公共管理和服务机构虽是公权力主体,但其并非仅能签订行政协议,也可以签订民事合同。一方面,《民法典》允许国家机关法人参与民事活动。基于履行职责需要,机关法人可以签订采购办公用品、建造和修缮房屋、购买服务等各类采购合同,此时机关法人便是以平等主体身份参与民事活动。另一方面,在国有土地使用权出让场合,政府也以民事合同主体身份出现。通过与土地使用者签订土地使用权出让合同,推动国有土地市场化配置。国有土地使用权出让协议的民事合同属性已在前文作出详细阐述,在此不作过多解释。公共数据与国有土地同属生产要素范畴,公共管理和服务机构也可以参照国有土地使用权出让协议的制度安排,与数据利用主体签订民事合同,推动公共数据市场化配置的规范展开。

---

〔1〕参见胡建淼:《对行政机关在行政协议中优益权的重新解读》,载《法学》2022 年第 8 期。

第三，将公共数据授权利用协议界定为民事合同不会产生“与民争利”后果。就整体而言，政府控制的财产包括国家公产和国家私产两部分。国家公产是国家拥有的不以营利为目的而以社会公共利益为宗旨，原则上不可自由处分但应直接供社会公众使用或者提供公共服务的财产，主要包括适用公法规范的国有财产。国家私产是国家拥有的除国家公产以外的以营利为目的，可自由处分的能够满足类似于私人私的需求的财产，主要包括适用私法规范的国有财产。[1] 国家私产主要体现为以生产资料形成存在的各类财产。[2] 公共数据既具有治理要素属性又具有生产要素属性。作为治理要素的公共数据，主要服务于国家治理和社会治理需要，其利用不以营利为目的。而作为生产要素的公共数据，则可基于营利目的以市场化方式投入生产经营，发挥其经济价值。由此可知，作为生产要素的公共数据可被纳入国有私产范畴，以民法等私法规范规制公共数据授权利用活动。以国有私产理论解释公共数据授权利用的合理性，既能够有效限制政府利用国有公产进行营利的冲动，又可以为公共数据市场化配置提供正当性依据，在兼顾效率公平的基础上实现物尽其用。[3] 而将公共数据授权利用协议界定为民事合同，则是释放公共数据生产要素价值的必要制度安排。尽管公共数据被作为国有私产参与数据授权利用，作为直接受益人的公共管理和服务机构却不能从授权利用中获取任何私利，授权利用产生的

---

〔1〕 参见李昌庚：《国家公产使用研究》，载《政法论丛》2014 年第 2 期。

〔2〕 参见肖泽晟：《论国家所有权与行政权的关系》，载《中国法学》2016 年第 6 期。

〔3〕 参见李海敏：《我国政府数据的法律属性与开放之道》，载《行政法学研究》2020 年第 6 期。

所有利益归属于全体人民。[1] 因此将公共数据授权利用协议界定为民事合同不会产生与民争利的后果。

（二）公共数据授权利用协议归属开放许可合同的可行性

从合同类型看，公共数据授权利用协议属于许可合同范畴，具体而言，可以开放许可合同界定公共数据授权利用协议的法律属性。公共数据授权利用开放许可沿着如下进路展开：公共数据提供主体事先为公共数据授权利用设置基本条件，满足相应条件的数据利用主体，可在支付数据利用费用后依法依约利用公共数据。以开放许可合同界定公共数据授权利用协议法律属性具有现实可行性。

第一，这符合公共数据权属配置的基本认知。国家在数据基础制度建构时明确指出要建立数据资源持有权、数据加工使用权、数据产品经营权等分置的产权运行机制。[2] 这是借鉴农村土地所有权、承包权和经营权三权分置制度成果的基础上作出的重大制度创新。[3] 农村土地三权分置的制度目标是，坚持农村土地集体所有权的根本地位、严格保护农户承包权，加快放活土地经营权，以此明晰土地产权关系，维护农民集体、承包农户、经营主体的正当权益，促进土地资源合理利用，提高土地产出率、劳动生产率和资源利用率。[4] 以此清除农地流转障碍，激活农地权利的财产价值，释放农地融资功能。[5] 数据产权分置正是借鉴农地三权分置模式展开的

[1] 参见赵加兵：《公共数据归属政府的合理性及法律意义》，载《河南财经政法大学学报》2021年第1期。

[2] 参见《中共中央、国务院关于构建数据基础制度更好发挥数据要素作用的意见》（2022年12月2日）。

[3] 参见宋方青、邱子键：《数据要素市场治理法治化：主体、权属与路径》，载《上海经济研究》2022年第4期。

[4] 参见《关于完善农村土地所有权承包权经营权分置办法的意见》（2016年10月30日）。

[5] 参见蔡立东、姜楠：《农地三权分置的法实现》，载《中国社会科学》2017年第5期。

制度建构,在明确数据持有权的基础上,鼓励市场主体加工利用数据,形成数据产品和数据服务,释放数据红利。公共数据作为数据资源的重要组成部分,其权属机制需要遵循数据产权分置基本模式展开。与农地三权分置强调设置物权性质的土地经营权不同,[1]包括公共数据在内的数据资源亟待确立以数据用益权为基础的数据加工利用权利体系,[2]以推动数据资源规范利用。而公共数据语境下的数据加工利用权交易需要以许可方式展开。一方面,以许可模型开发利用国有资源具有现实的制度基础。国有土地使用权出让,本质上是允许特定主体在一定期限内以独占方式开发利用国有土地,构成了国有土地用益物权的独占许可。另一方面,数据利用的非竞争性非排他性,决定了公共数据不适宜沿用传统的竞争性授权开发模式,更适合以开放许可方式实施。有关公共数据利用的非竞争性非排他性特点的论述详见下文。

第二,这契合数据利用的非竞争性、非排他性特点。非竞争性和非排他性最初是用于描述公共产品基本属性的概念范畴。公共产品是在利用方面不具有竞争性和排他性的产品。[3] 公共产品利用的非竞争性,是指在公共产品利用时,新增利用主体不会对原有主体的利用行为产生不利影响,不会增加其利用公共产品的成本或者降低利用公共产品的收益。[4] 公共产品利用的非排他性,是指公共产品生产出来后,任何主体都无法阻止其他主体免费利用该公

---

〔1〕 参见孙宪忠:《推进农地三权分置经营模式的立法研究》,载《中国社会科学》2016 年第 7 期。

〔2〕 参见申卫星:《论数据用益权》,载《中国社会科学》2020 年第 11 期。

〔3〕 参见高鸿业主编:《西方经济学—微观部分》(第 6 版),中国人民大学出版社 2014 年版,第 340 页。

〔4〕 参见余斌:《西方公共产品理论的局限与公共产品的定义》,载《河北经贸大学学报》2014 年第 6 期。

共产品或者阻止其他主体利用公共产品的成本十分高昂。[1] 数据利用的非竞争性和非排他性是由其生成和存储的特殊性决定的。数据是以数字形式生成的二进制代码,[2] 以电磁形式存储于特定设备之中。人们虽然可以感知数据的存在,却难以对他人的数据利用行为施加有效的控制。数据一旦产出,更多的社会主体使用该数据并不会对既有主体的利用行为产生影响。[3] 而且随着利用范围和程度的加深,数据能够释放更多的经济社会价值。鉴于此,公共数据授权利用有必要基于数据利用的非竞争性、非排他性特点展开制度建构,以开放许可方式授权更多市场主体非竞争性地开发利用公共数据,释放公共数据生产要素价值。

第三,这迎合了公共数据开发利用的基本趋势。以开放许可为基础展开公共数据开发利用得到了国内外理论与实践的高度认可,已经形成较为成熟的制度模式。一方面,域外国家和地区政府数据开放通常采用开放许可模式。英国国家档案馆公布的《英国政府许可框架》将开放许可作为英国中央政府和地方政府默认和优先使用的政府数据许可类型。[4] 加拿大、法国及澳大利亚等国家在政府数据开放实践中也采用开放许可协议。[5] 另一方面,我国公共数据开放立法实践也以开放许可为基础展开。公共管理和服务机构

---

〔1〕 参见[美]罗伯特·考特、托马斯·尤伦:《法和经济学》,史晋川、董雪兵译,上海三联书店 2012 年版,第 36 页。

〔2〕 参见[英]维克托·迈尔-舍恩伯格、肯尼思·库克耶:《大数据时代:生活、工作与思维的大变革》,盛杨燕、周涛译,浙江人民出版社 2013 年版,第 104 页。

〔3〕 参见纪海龙:《数据的私法定位与保护》,载《法学研究》2018 年第 6 期。

〔4〕 See UK Government Licensing Framework, https://www.nationalarchives.gov.uk/information-management/re-using-public-sector-information/uk-government-licensing-framework/open-government-licence/, September 26, 2022.

〔5〕 参见黄如花、李楠:《国外政府数据开放许可协议采用情况的调查与分析》,载《图书情报工作》2016 年第 13 期。

与所有符合条件的数据利用主体签订授权利用协议，以此明确双方当事人权利义务关系，[1]推动公共数据开发利用有序展开。公共数据市场化配置可以参照现有数据利用的制度成果，建构公共数据授权利用开放许可制度。相应地，公共数据授权利用协议的法律属性也应当被归入开放许可合同范畴。

第四，专利开放许可制度可以提供借鉴方案。专利开放许可是由专利权人提出申请，专利管理部门审查批准的，准许社会公众向权利人支付许可费后直接实施专利的许可制度。[2] 我国专利法律制度已认可专利开放许可的制度价值并作出必要制度建构。[3] 专利开放许可制度的实践效果表明，其对于降低专利授权的信息搜索成本、提高专利授权利用率、促进专利技术成果转化具有积极意义。[4] 公共数据与技术方案均具有利用的非竞争性和非排他性，[5]二者都以释放要素经济社会价值为目标。专利开放许可制度本就是为推动专利充分实施预设的制度安排，而公共数据市场化

[1] 参见《浙江省公共数据开放与安全管理暂行办法》（2020 年浙江省人民政府令第 381 号）第 17 条。

[2] 参见胡建新：《我国专利当然许可制度的构建》，载《知识产权》2016 年第 6 期。

[3] 参见《中华人民共和国专利法》（根据 2020 年 10 月 17 日第十三届全国人民代表大会常务委员会第二十二次会议《关于修改〈中华人民共和国专利法〉的决定》修正）第 50 ~ 52 条。

[4] 参见刘娟、路宏波：《我国引入专利开放许可制度的合理性研究——以完善科技成果转化信息汇交机制为核心》，载《中国发明与专利》2018 年第 10 期。

[5] 发明利用的非竞争性、非排他性是由其非物质性特征决定的。发明的非物质性意味着，其既不具有物质形态也不占有一定空间，这种“看不见摸不着”的特征使得发明人难以对之施加有形控制，进而实现排他性占有。也正是因为其非物质性特征，导致发明的复制成本极低，边际成本近乎为零，任何社会公众对发明的利用都不会对其他社会公众的利用行为产生影响。因包括发明在内的知识产权客体利用的非竞争性和非排他性，及其客体非物质特点并非本文论证的重点，在此不作详细论述。更多有关知识产权客体的非物质性论述，参见吴汉东：《知识产权法学》，北京大学出版社 2014 年版，第 7 页。

配置也以释放数据红利为基本价值追求。[1] 此外，二者在实施主体层面也具有一定的相似性，均是由公共管理和服务机构主导实施。专利开放许可由国务院专利行政部门负责监督实施，公共数据授权利用则是由公共管理和服务机构负责具体实施。由此可知，公共数据立法参照专利开放许可制度建构公共数据授权利用规则体系具有内在合理性，而将公共数据授权利用协议界定为开放许可合同也具有现实可行性。

（三）公共数据授权利用开放许可的实施机制

1. 公共数据授权利用开放许可的当事人

公共数据授权利用开放许可的当事人是公共数据提供主体和数据利用主体。

公共数据提供主体是公共管理和服务机构，其在范围上包括行政机关、具有公共事务管理和公共服务职能的组织。公共管理和服务机构既是公共数据的管控主体，也是公共数据市场化配置的授权主体，其作为公共数据的提供主体具有内在的合理性。首先，公共管理和服务机构是公共数据的收集和生成主体，其对公共数据的自然属性和法律属性较为熟悉，由其管控和提供公共数据有助于推动公共数据开发利用的规范展开。其次，公共管理和服务机构作为公共数据提供主体具有现实的实践基础。现行公共数据开放立法明确规定，由公共管理和服务机构向社会主体提供公共数据，供其开发利用。[2] 在公共数据授权运营语境下，许多地方也是由公共管理和服务机构负责提供公共数据，由授权运营单位负责开发利用。

---

〔1〕 参见谭海波、张楠：《政府数据开放：历史、价值与路径》，载《学术论坛》2016 年第 6 期。

〔2〕 参见《上海市公共数据开放暂行办法》（2019 年上海市人民政府令第 21 号）第 9 条第 1 款。

如成都市规定公共数据授权运营申请由公共数据提供主体参与决定公共数据授权运营申请,并提出是否同意授权运营确认意见。[1]如果公共数据提供主体同意授权运营,则应当按照数据利用需求及场景提供公共数据。而此处所言的公共数据提供主体正是公共管理和服务机构。最后,与公共数据主管部门相比,将公共管理和服务机构确定为公共数据提供主体更便于公共数据管控及开放利用。现行公共数据市场化配置尚未全面明确公共管理和服务机构法定的数据提供主体地位。因公共数据主管部门并不直接生成公共数据,就便利公共数据管控及开放利用角度而言,由公共管理和服务机构作为公共数据提供主体更符合公共数据市场化配置的现实需要。

数据利用主体,是指依法依约利用公共数据的个人和组织。但从公共数据市场化配置的实践看,公共数据利用主体主要是组织,即具有市场竞争资格的法人和非法人组织。如在公共数据授权运营场景下,现行实践要求作为授权运营单位的数据利用主体应当具备相应的资质或者条件。浙江省公共授权立法规定,授权运营单位应当建立党的基层组织,经营状况良好并具备运营领域所需的专业资质、知识人才积累和生产服务能力,企业及其法定代表人无重大违法记录,企业及其法定代表人未被列入失信被执行人名单、重大税收违法案件当事人名单、严重失信名单。[2] 由此不难看出,其已然将自然人排除在公共数据授权运营单位之外。

---

〔1〕 参见张会平等:《政府数据授权运营的实现机制与内在机理研究——以成都市为例》,载《电子政务》2021 年第 5 期。

〔2〕 参见《浙江省公共数据授权运营管理暂行办法》(征求意见稿)(十三),载 https://www.zj.gov.cn/art/2022/10/27/art_1229641549_59900783.html,最后访问日期:2022 年 12 月 27 日。

2. 公共数据授权利用开放许可当事人的权利义务关系

公共数据授权利用开放许可是遵照市场规则展开的数据开发利用活动，双方当事人按照合同法律之规定应当享有相应的权利和承担必要的义务。[1]

在公共数据授权利用开放许可时，公共数据开放主体应当依照授权合同约定提供公共数据，并承担数据质量瑕疵担保责任。[2]

依照授权许可合同约定提供公共数据。公共数据授权利用开放许可本质上是公共数据使用权交易行为，根据民法基本原理，公共数据提供主体应当根据合同约定提供相应公共数据。但与有体物不同，公共数据这类标的物无法以直观方式予以观察和判断，需要依靠一定技术手段展开分析和甄别。这对于那些技术水平较低的社会公众而言可能存在一定的风险。根据合同履行的基本原则，结合公共数据的基本特点，可以认为将依约提供规定数量的原始数据、确保数据的可用性及保障数据质量，作为公共数据提供主体是否依照授权利用合同提供数据的识别标准具有合理性。依约提供规定数量的原始数据，是全球范围内公共数据开放的基本共识。任何经由政府加工或者处理过的数据都有可能偏离数据利用主体的真实数据处理需求，造成不必要的资源浪费。而恪守公共数据可用性，则有助于督促公共数据提供主体根据数据利用主体的需求提供规定格式的数据，确保公共数据能够以最低成本得到利用。保证数据质量则有助于确保用于流通的公共数据应当具有关联性、准确性

---

〔1〕 公共数据提供主体在公共数据市场化配置过程中享有的权利包括占有权、使用权、收益权、处分权和管控权。相关内容已在前文作出详细阐述，在此不作过多解释。接下来重点就公共数据提供主体需要承担的义务作以分析概括。

〔2〕 公共数据提供主体的数据质量担保责任将在下文作详细阐述，在此不作过多解释。

和可用性。[1] 数据质量是影响公共数据授权利用有效实现的核心因素,也是最难把控的要素。在公共数据授权利用时,明确公共数据提供主体的数据质量义务,并在授权许可合同中予以明确规定,可以督促其切实提高数据质量和公共数据授权利用的质量与效率。

在公共数据授权利用过程中,数据利用主体有权利用公共数据并获取因数据利用形成的权益,同时应当承担依法依约利用数据、支付数据许可费用及维护数据安全等义务。在这些权利义务中,有些内容如获取和利用数据、支付许可费等已成为公共数据授权利用的基本共识,无须赘述。维护数据安全将在下文作详细阐述,在此不作过多解释。接下来重点就获取数据利用形成的权益及按照合同约定利用数据等内容进行分析概括。

支持数据利用主体获取因数据利用形成的权益是推动公共数据授权利用有序展开的现实需要。数据利用主体并非仅能被动利用数据,其可以按照自身需求对公共数据展开创造性利用,由此形成的数据产品已然呈现出有别于原始数据的新的价值,数据利用主体对该项数据产品应当享有正当权益。肯定和保护数据利用主体对数据产品享有的正当权益具有内在的合理性。

首先,这是深化数据开发利用实践的现实需要。从数据产生关系维度可将数据分为原始数据和衍生数据。原始数据是由收集主体从数据源头直接获取的,未经人为修改或技术处理的一手数据。[2]

---

〔1〕 参见高富平:《数据流通理论——数据资源权利配置的基础》,载《中外法学》2019 年第 6 期。

〔2〕 在开放政府数据概念界定时,学者们将原始数据原则作为数据开放的基本原则,其他几项原则是完整性、及时性、可获取性、机器可处理性、非歧视性、非财产性、免费许可性。更多有关开放政府数据基本原则的论述,参见 Open Government Data Definition: The 8 Principles of Open Government Data, https://opengovdata.io/2014/8 – principles/,最后访问日期:2021 年 3 月 8 日。

衍生数据是对原始数据进行算法加工、计算、聚合而成的系统的、可读取、有使用价值的数据。[1] 而衍生数据则是数据产品的重要表现形式。原始数据已然具备一定经济社会价值,但大多数的原始数据存在数据缺失、数据冗余、数据重复甚至数据错误等数据噪声。而基于特定需求对原始公共数据进行的清洗、整理、格式转换及分析挖掘等技术处理则会形成新的数据产品。这些基于数据利用主体创造性劳动形成的数据产品,在格式及内容层面与原始数据存在较大差异,已然构成新的客体,应受到法律保护。[2] 从而为"培育数据服务、数据探矿、数据化学、数据材料、数据制药等新业态……发掘数据资源支撑创新的潜力……推动跨领域、跨行业的数据融合和协同创新……探索形成协同发展的新业态、新模式,培育新的经济增长点"提供法律保障。[3]

其次,这是丰富民法添附理论的内在要求。添附,是将不同所有人的物结合、混合在一起形成新物,或者对他人之物加工形成新物的法律事实行为。[4] 添附主要包括混合、附合与加工三种类型。混合是指不同所有权人的动产经过混杂难以识别与分离从而形成新物;附合是指不同所有权人的物经过技术处理结合在一起形成难以有效分离的新物;加工是指通过在他人动产上劳作形成新的价值更高的新物。[5] 对比可知,数据产品的产生更符合加工的基本特

〔1〕 参见杨立新、陈小江:《衍生数据是数据专有权的客体》,载《中国社会科学报》2016年7月13日,第5版。

〔2〕 学者们已经考虑从民法及刑法等角度为数据产品建构保护方案。参见申卫星:《论数据用益权》,载《中国社会科学》2020年第11期;刘双阳:《衍生数据刑法保护进路的多重考察——兼论财产权客体的时代变迁》,载《科技与法律》2020年第3期。

〔3〕 参见《促进大数据发展行动纲要》(国发〔2015〕50号)。

〔4〕 参见马俊驹、余延满:《民法原论》,法律出版社2010年版,第339页。

〔5〕 参见马俊驹、余延满:《民法原论》,法律出版社2010年版,第340~341页。

点。数据利用主体对公共数据进行脱敏、清洗、分析、挖掘等技术处理改变了原始数据的某些技术指标甚至对原始数据作出重大改变,形成有别于原始数据的新数据或者数据产品。根据添附归属的基本规则,应当将基于原始数据形成的新数据或者数据产品的权益配置给数据利用主体。[1]

最后,这符合数据权益保护的发展趋势。从公共数据立法实践看,加强对数据利用主体权益保护已经成为当前数据立法的基本趋势。广东省在公共数据立法时明确规定,数据利用主体因开发利用公共数据获得的数据权益受法律保护,非经法律法规另有规定或者公共数据开放利用协议另有约定,数据利用主体可以依法交易基于公共数据开发利用获得的各类数据权益。[2]

数据利用主体应当按照授权利用合同的约定使用公共数据。按照合同约定使用公共数据是数据利用主体最基本的义务,数据利用主体应当严格依法依约使用公共数据,并承担因数据利用不当引发的法律责任。

二、明确公共数据授权利用的交易标的

公共数据授权利用的交易标的是数据使用权。以数据使用权为基础建构公共数据市场化配置交易标的体系,既符合公共数据开发利用的现实需要,也契合数据基础制度建设的政策目标,还具有可供借鉴的制度基础。

第一,这符合公共数据授权利用的现实需求。数据利用的非竞

---

〔1〕 参见《中华人民共和国民法典》(2020 年 5 月 28 日第十三届全国人民代表大会第三次会议通过)第 322 条。

〔2〕 参见《广东省公共数据管理办法》(2021 年广东省人民政府令第 290 号)第 35、37 条。

争性、非排他性意味允许尽可能多的市场主体同时开发利用数据，更有助于发挥数据要素的经济社会价值。任何对数据要素的独占或者垄断都将在实质上影响数据经济价值的充分释放。因此以数据所有权为基础建构公共数据授权利用交易标的，并非合适的制度方案。而以数据使用权为交易标的，以普通许可方式授权所有符合条件的市场主体平等开发公共数据，更具有可行性，也更符合数据要素市场的发展方向。

第二，这契合数据基础制度建设的政策目标。在数据基础制度建设层面，国家明确指出"促进数据使用价值复用与充分利用，促进数据使用权交换和市场化流通。审慎对待原始数据的流转交易行为……严格管控未依法依规公开的原始公共数据直接进入市场"。[1] 不难看出，以数据使用权作为数据授权利用的交易标的，已经在国家政策层面达成基本共识。公共数据市场化配置交易标的体系建构，应当体现国家数据基础制度建设政策的基本精神，以数据使用权为基础建构完善的公共数据授权利用交易标的规则体系。

第三，这具有可供借鉴的制度方案。一方面，国有土地使用权交易能够提供借鉴模板。在国有土地利用场合，政府基于所有权与使用权分离原则，将国有土地使用权有偿出让给市场主体，以合理开发利用土地资源，促进城市建设和经济发展。[2] 这为以使用权为基础建构公共数据授权利用交易标的规则提供了可资借鉴制度样板。另一方面，专利开放许可的制度实践能够为之提供制度模

〔1〕 参见《中共中央、国务院关于构建数据基础制度更好发挥数据要素作用的意见》(2022 年 12 月 2 日)。

〔2〕 参见《中华人民共和国城镇国有土地使用权出让和转让暂行条例》(根据 2020 年 11 月 29 日《国务院关于修改和废止部分行政法规的决定》修订)第 1、2 条。

型。专利开放许可是专利权人以专利使用权为交易标的,借助普通许可方式授权符合条件的社会公众利用专利技术方案的制度设计,其对于推动专利技术方案实施具有重要意义。鉴于公共数据与技术方案在利用方面均具有非竞争性非排他性,二者均以使用权为交易标的,可以预见以数据使用权为交易标的建构的公共数据授权利用规则体系能够达至与专利开放许可类似的经济社会效果。

三、明确公共数据授权利用的价格形成机制

公共数据授权利用价格形成机制意在通过明确公共数据授权利用价格确定的基本方向、具体模式及许可费用支付方式等内容,建构规范完整的公共数据市场化配置价格实现机制。

(一)明确公共数据授权利用价格确定的基本方向

根据数据要素市场配置的现有研究实践可知,公共数据市场化配置应当遵循由市场确定数据要素价格的基本原则。换言之,公共数据授权利用价格确定严格遵循市场确定价格的基本方向。公共数据授权利用采用市场确定授权利用价格机制,主要基于如下理由:

第一,这是释放公共数据生产要素价值的现实需要。数据的生产要素地位已经得到社会公众的广泛认同,公共数据作为数据要素的重要组成部分,其生产要素地位随之在政策层面得到证成。根据要素市场化配置的基本要求,在公共数据授权利用应当充分发挥市场对资源配置的决定性作用,由市场决定公共数据的经济价值,依据公共数据价值取得授权利用价格标准,进而建立由市场起决定性作用的价格生成机制,充分彰显公共数据之于数字经济发展的贡献。

第二，这是顺应数据要素市场培育发展方向的必然选择。数据要素市场建构需要形成市场起决定作用的数据流动和交易制度，而健全完备的公共数据交易定价机制则是推动数据要素市场建构的基础性条件，其能够有效确保交易当事人在制度、场景和技术等约束条件下基于市场供求关系确定公共数据要素交易价格。[1] 推动形成成熟稳定的数据要素市场交易定价机制。

第三，这是克服公共数据价格生成行政干预弊端的必由之路。现行公共数据授权利用价格生成机制多采用行政定价方式，参照行政收费方式确定授权利用价格标准。基于行政干预确立的公共数据利用价格机制，将不可避免地把公共数据授权利用带入由行政协议支配数据资源配置的轨道。这种资源配置模式既有违由市场主导要素市场化配置的基本方向，也不符合"完善主要由市场决定要素价格机制""引导市场主体依法合理行使要素定价自主权，推动政府定价机制由制定具体价格水平向制定定价规则转变"[2]的基本趋势。在公共数据市场化配置过程中，允许市场通过价格杠杆自动组织公共数据的要素配置，有助于激励市场主体持续创新，不断开发新的数据产品，减少数据资源的稀缺程度，达到优化公共数据资源配置的目的。[3]

（二）明确公共数据授权利用价格确定的基本模式

明确公共数据授权利用由市场确定许可价格的基本方向契合

---

〔1〕 参见欧阳日辉、杜青青：《数据要素定价机制研究进展》，载《经济学动态》2022年第2期。

〔2〕 参见《中共中央、国务院关于构建更加完善的要素市场化配置体制机制的意见》（2020年3月30日）。

〔3〕 参见王伟玲等：《加快数据要素市场培育的关键点与路径》，载《经济纵横》2021年第3期。

了公共数据市场化配置的发展趋势,具有内在的合理性。但在公共数据授权利用价格机制确定过程中,公共数据提供主体仍具有一定的话语权。作为特殊的要素资源,公共数据市场化配置既要严格遵照市场决定价格的基本原则,也要虑及公共数据供给的公平性,以便有效地向社会公众提供数据产品或者服务。[1] 因此公共数据授权利用价格确定有必要采取“政府确定价格标准,市场确定交易价格”的价格确定基本模式。在公共数据授权利用价格领域发挥有效市场和有为政府的双重作用。采用这一价格确定模式,主要基于如下理由:

第一,这契合了公共数据利用的场景化特征。公共数据利用具有明显的场景化特征,由此导致相同的公共数据在不同场景中发挥的价值存在较大差异,公共数据许可价格也因场景不同而存在明显区别。[2] 公共数据利用的场景化特征使其难以像专利开放许可那样由专利权人直接确定许可价格。专利利用具有确定的场景,技术方案仅可在特定场景中使用。利用场景的特定性使得权利人可以事先确定专利许可价格。而公共数据利用多场景化特征,意味着公共数据提供主体只能在综合考量数据类型及其适用场景的基础上设定授权利用价格标准,其最终的交易价格仍需参照其他因素予以确定。

第二,这具有现实的实践依据。我国要素市场配置改革明确提出要“引导市场主体依法合理行使要素定价自主权,推动政府定价机制由制定具体价格水平向制定定价规则转变”,以此发挥有效市

---

〔1〕 参见王伟玲等:《加快数据要素市场培育的关键点与路径》,载《经济纵横》2021年第3期。

〔2〕 参见熊巧琴、汤珂:《数据要素的界权、交易和定价研究进展》,载《经济学动态》2021年第2期。

场和有为政府的双重作用,确定合理的要素交易价格。公共数据提供主体既是市场主体,也是公共管理和服务机构,公共数据提供主体扮演角色的多重性,意味着其既要考虑公共数据要素市场建构的基本需求,又要考虑维护公共数据授权利用的平等性和公平性,确保市场主体在充分竞争的基础上能够获取相对公平的数据授权价格。

第三,这是发挥有为政府作用的现实需要。政府可以制定公共数据授权利用价格确定规则,但其不具备确定具体价格的能力。公共数据利用场景多元,同样的数据在不同的场景的价值呈现较大差异。面对如此多元的利用场景和多维度授权利用价格,作为公共数据提供主体的公共管理和服务机构,并不具备为每个数据利用场景及不同的数据类型设定明确价格确定机制的能力,换言之,要求公共数据提供主体事先为不同类型的公共数据设置明确的授权利用价格缺乏现实的可操作性。但公共数据提供主体为相同或者相似的数据在相同或者相似场景下的利用,设置明确的价格确定标准则具有现实可行性,也更符合公共数据市场化配置的现实需要。

(三)明确公共数据授权利用价款的支付方式

公共数据授权许可费用通常要以金钱支付作为基本方式。以金钱作为商品交易对价支付方式已是社会共识,并形成了较为成熟的交易模式。当然,这并不意味着需要排除其他类似价款支付方式。在确保能够实现等价交换的前提下,当事人也可以考虑采用数据交换或者数据产品交换等作为公共数据授权许可价款支付方式。换言之,数据利用主体可以将原始数据、基于公共数据开发的数据产品以及基于自有数据开发的数据产品等作为开发利用公共数据的对价,从而代替传统的金钱支付。这与传统的“物物交换”模式较为相似。

与“物物交换”日渐没落形成鲜明对比的是，在大数据时代，“数据交换”模式可能会成为推动数据利用的重要方式。物品利用场景的特定性，决定了其难以如货币等一般等价物那样，成为衡量物品使用价值和交换价值的工具。换言之，物品对于交易相对人而言并不一定具有普遍的使用价值和交换价值，对甲有用的物品之于乙而言可能一文不值。由此导致“物物交换”既缺乏现实的可行性，也可能引发有违交易公平的不利后果。在大数据时代，数据资源已然成为数字经济发展，数字政府建设及数字社会治理的基础性资源，其已超出传统商品范畴，成为能够量化一切的载体和力量，以及变革生活、工作及思维方式的重要推动力。[1] 因此在大数据时代，日渐式微的“物物交换”将以“数数交换”方式再次呈现在人们面前，重新焕发生命力，成为推动数据利用和交易的重要方式。在大数据时代重启“物物交换”模式的合理性可以从如下维度得到合理解释：

第一，这符合大数据时代数据作为一般等价物的基本趋势。根据经济学一般原理，一般等价物是用来衡量其他商品价值的商品。[2] 金银曾在人类历史上发挥着一般等价物的功能，时至今日，经济交往中的一般等价物通常是为各主权国家认可的承载政府信誉的货币。[3] 在大数据时代，数据资源日益呈现出一般等价物的

〔1〕 参见[英]维克托·迈尔－舍恩伯格、肯尼思·库克耶：《大数据时代：生活、工作与思维的大变革》，盛杨燕、周涛译，浙江人民出版社2013年版，第1～126页。

〔2〕 参见郭世辉：《货币到底是什么？——关于现代经济条件下货币本质的重新探讨》，载《西北大学学报（哲学社会科学版）》1996年第1期。

〔3〕 参见胡海鸥：《货币定义的演变及其思考》，载《复旦学报（社会科学版）》2001年第2期。

属性。[1] 数据的一般等价物属性可以从如下维度得到验证：一方面，从市场层面看，数据是具有重复利用价值的生产要素。数据作为新型生产要素的地位已经得到社会公众的广泛认可，成为与土地、资本、劳动力和技术并列的第五类生产要素。与土地、劳动力及技术等传统生产要素不同，数据具有高度可重复利用价值，数据价值非但不会随着利用次数增加而减损，[2] 相反会因使用次数增加而促进社会福利的持续提升。另一方面，从数据主体层面看，数据是其获取物质财富的工具，甚至就某种意义而言数据本身便是财富。在当今的企业资产统计中，数据已被列入企业重要的无形资产，成为企业竞争力的核心要素。[3] 数据的可持续开发价值，使其与货币一样具备了一般等价物的基本属性。

第二，这有助于促进公共数据总量增加和质量提升。公共管理和服务机构掌握着我国绝大多数的数据资源，但其尚存在数据类型不全、数据总量不足、数据不完整等局限性。在此情况下，由市场主体通过数据交换等途径向公共管理和服务机构提供数据，能够在一定程度上弥补公共数据数量不足，数据不完整的缺陷，从而降低数据处理成本，提高数据利用质量和效率。

第三，这具有可供借鉴的制度实践。在欧美等公共数据开放较为发达的国家和地区，已经出现了鼓励数据运营服务商通过向公共

---

〔1〕 当然，数据的一般等价物属性是在数据利益主体间展开的探讨，对于非数据利益主体而言，数据并不具有一般等价物属性。

〔2〕 参见[英]维克托·迈尔－舍恩伯格、肯尼思·库克耶：《大数据时代：生活、工作与思维的大变革》，盛杨燕、周涛译，浙江人民出版社2013年版，第132页。

〔3〕 参见王卫星等：《自媒体信息披露对民营企业无形资产影响研究——基于创业板民营上市公司微信数据的实证检验》，载《会计之友》2018年第7期。

数据开放平台回传数据的方式支付数据利用对价。[1] 这种以“数据换数据”为核心交易条件的公共数据开放既有利于简化数据开放的产权界定,[2]也便于授权利用价款的支付。在公共数据市场化配置过程中,公共数据授权利用价款支付也可借鉴“数数交换”模式,建构规范的数据授权利用价格生成机制。

第四节 数据主体权益保障机制的规范建构

鉴于现行公共数据市场化配置数据主体权益保障机制存在局限性,为保护自然人、法人及其非法人组织等数据主体的合法权益,支持公共数据提供主体依法开展数据授权利用,规范数据利用主体数据利用行为,有必要建构更为完善的公共数据市场化配置数据主体权益保障机制,具体可从规范建构数据主体收益补偿机制、公共数据提供主体数据质量担保责任及数据利用主体信用惩戒机制等维度展开。[3]

---

〔1〕 See AZIZ Z. HUQ, The Public Trust in Data, 110 The Georgetown Law Journal 333, 337(2021).

〔2〕 参见戴昕:《数据界权的关系进路》,载《中外法学》2021 年第 6 期。

〔3〕 需要说明的是,下文在论证过程中,在某些场合下以“维护数据安全”替换“保护数据主体合法权益”。采取这一表述替换也符合数据安全法律的基本要求。《数据安全法》规定,“开展数据处理活动,应当遵守法律、法规……履行数据安全保护义务……不得危害国家安全、公共利益,不得损害个人、组织的合法权益”[参见《中华人民共和国数据安全法》(2021 年 6 月 10 日第十三届全国人民代表大会常务委员会第二十九次会议通过)第 8 条]。就本部分内容而言,保护数据主体合法权益与维护数据安全具有一定的重合性,维护自然人、法人及非法人组织的个人隐私及商业秘密等合法权益,也是维护数据安全的应有之义。因此,出于遵从表述习惯,在特定语境下本书选择以“维护数据安全”替换“保护数据主体合法权益”。

一、建立数据主体收益补偿机制

为回应数据主体参与数据收益分配的正当需求，建构公平有序的数据利用收益分配机制，有必要为数据主体合法收益分配确立合理的制度方案。结合公共数据授权利用实践，考量数据产业发展的现实需要，可以考虑建构以收益补偿为基础的公共数据市场化配置数据主体收益分配机制。

数据主体收益补偿机制建构沿着如下进路展开。公共数据提供主体将数据主体参与公共管理和公共服务过程中提供的数据，置于指定平台，供数据利用主体开发利用。并将基于此类数据市场化配置获取的收益，用于大数据产业发展所需的数字基础设施建设及数字贫困人群数字生活质量改善等领域，在保障数据主体合法权益的同时，为大数据产业发展奠定基础。

数据主体收益补偿机制，在实质上构成了大数据领域的收入转移支付制度。即将本应支付给数据主体的数据授权收益集中起来，投入到数字基础设施建设或者数字贫困群体数字生活改善等[1]大数据发展亟须改善的领域，以有效保障数据主体合法权益，支撑大数据产业健康发展。公共数据市场化配置数据主体收益补偿机制主要具有如下作用：一是补充大数据产业发展资金需求，助力数字基础设施建设及改善数字贫困群体参与数字生活质量；二是补偿数据主体因数据授权收益降低遭受的物质损失，维系数据授权利用各方主体的利益均衡。

数据主体收益补偿机制建构主要基于如下考量：

---

〔1〕 参见宋方青、邱子键：《数据要素市场治理法治化：主体、权属与路径》，载《上海经济研究》2022 年第 4 期。

第一,降低数据授权收益分配的实施成本。公共数据市场化配置过程中,公共数据提供主体以概括授权方式获取了自然人、法人及非法人组织等主体提供的数据开发利用权利,通过指定平台供市场主体开发利用,并收取相应许可费用。基于特定标准,可以相对确定由此产生的数据授权收益总量。却难以将这些数据利用收益按照一定的标准合理分配给每一个数据主体。这是因为,数据利用具有明确的场景化特征,[1]每个数据主体的数据在不同场景下的利用频次及其呈现出的价值具有明显差异,由此难以采用统一的标准确定数据利用单价,进而基于数据利用频次确定单个数据主体的收益总量。即便是采用相对客观方式粗略统计出单个数据主体参与公共数据市场化配置能够获取的授权收益总量,由此产生的高昂的数据价格确定成本,也将在很大程度上抵销数据授权利用给社会带来的收益,造成严重的资源浪费。而将基于数据主体数据利用产生的收益以转移支付方式投入到特定领域,则既能够体现出对数据主体正当权益的尊重与维护,也可以为其持续获取和利用数据资源奠定物质基础。

第二,丰富数字产业发展的数据基础。无论是加强数字基础设施建设还是改善数字贫困群体的数字生活质量,都可以显著增加数据资源的有效供给,为数字产业发展提供数据保障和物质基础。一方面,数字基础设施建设能力的持续改善能够显著提升数据资源生成、采集及利用的质量和效率。我国高度重视数字基础设施建设,将公共数据市场化配置过程中的数据授权收益用于数字基础设施建设有助于加快数字基础设施建设进度,提升共享共用质量和水

〔1〕 参见熊巧琴、汤珂:《数据要素的界权、交易和定价研究进展》,载《经济学动态》2021年第2期。

平，为数字政府建设、数字经济发展、数字社会治理及数字生活实现提供数据支撑和物质保障。另一方面，数字贫困群体参与数字生活能力的持续提升，有利于改进其生活品质，拓展数据资源的供给主体范围。有效缩小“数字鸿沟”，缩小不同群体分享数字技术发展成果能力差异，是大数据时代亟须回答的重要命题。[1] 为此《数据安全法》明确支持利用数据提升公共服务智能化水平，但提供智能化公共服务应当充分考虑老年人、残疾人的需求，避免对其日常生活造成障碍。[2] 从制度层面明确老年人、残疾人、边远地区居民等社会公众参与数字生活的保障机制，可以显著提升其分享数字文明成果的能力和水平。数字贫困群体参与数字生活能力的提升，也能够从实质上拓展数据资源的供给主体。而公共数据市场化配置数据主体收益补偿机制则是完善数字贫困群体参与数字生活保障机制的有益尝试，其有效实施既可以为数字贫困群体参与数字生活提供制度保障，也可以为数据主体收集利用数据资源奠定物质基础。

第三，保障数据主体的合法权益。合理建构公共数据市场化配置数据主体收益补偿机制，对于数据主体正当权益保障意义重大。一方面，通过授予数据主体数据利用优先权，保障其获取经济回报的机会。为肯定其对公共数据市场化配置的贡献，法律可以明确规定数据主体对于特定场景下的公共数据开发利用享有优先资格，支持其通过参与数据开发利用弥补因公共数据市场化配置遭受的收益损失。另一方面，通过拓展数据资源供给渠道，确保其有效分享数据主体收益补偿机制带来的福利。数字基础设施的持续完善及

---

〔1〕 参见李静、朱兰兰：《包容性发展视域下信息低层老人“数字鸿沟”的治理方略》，载《东北大学学报（社会科学版）》2023 年第 2 期。

〔2〕 参见《中华人民共和国数据安全法》（2021 年 6 月 10 日第十三届全国人民代表大会常务委员会第二十九次会议通过）第 15 条。

数字贫困群体参与数字生活能力的提升，能够为数据资源供给创造良好环境，为数据主体开发数据产品提供数据保障。对于自然人主体而言，其自身可能也是数字弱势群体中的一员，由此成为公共数据市场化配置数据主体收益补偿机制的直接受益者。总之，通过建构直接间接相结合的收益补偿机制，数据主体参与公共数据市场化配置的合法权益能够得到有效保障。

第四，借鉴现行财政转移支付的制度成果。财政转移支付是政府进行收入再分配的重要政策工具，通过将不同地区的财政收益依据特定目的在全国或者省域范围内进行合理分配，能够有效带动地方经济发展及地方财政收入增加，[1]优化资源空间配置，[2]缩小农村收入差距，[3]提升贫困治理质量[4]和地区基本公共服务水平[5]。对比可知，数据主体收益补偿机制与财政转移支付机制在社会财富再分配、实现社会分配公平和推动社会进步方面具有较高的一致性。可以借鉴财政转移支付的制度模型，规范建构完善的数据主体收益补偿机制，将公共数据市场化配置过程中与个人数据、企业数据相关的数据授权收益投入特定领域，发挥其对于数字产业发展的推动意义。

---

〔1〕 参见李丹等：《财政转移支付是“输血”还是“造血”——基于国定扶贫县的实证研究》，载《财贸经济》2019年第6期。

〔2〕 参见贺曲夫、侯金彤：《中央财政转移支付与资源空间配置关系研究》，载《价格理论与实践》2021年第6期。

〔3〕 参见金双华：《财政转移支付制度对收入分配公平作用的研究》，载《经济社会体制比较》2013年第5期。

〔4〕 参见王昉、燕洪：《财政转移支付政策与贫困治理：基本逻辑与思想转型》，载《财经研究》2022年第8期。

〔5〕 参见王庆、樊稼岐：《财政转移支付对地区基本公共服务均等化的影响——基于空间断点回归的实证分析》，载《兰州财经大学学报》2022年第4期。

二、设置公共数据提供主体数据质量担保责任

为明确公共数据提供主体主导公共数据市场化配置的责任边界，提升其参与公共数据市场化配置的积极性，有必要为之设置明确的责任类型及免责事由。而设定公共数据提供主体数据质量担保责任便是可行的制度方案。在明确公共数据提供主体数字质量责任边界的同时，确立合理的免责事由，以此建构完整的公共数据提供主体数据质量责权利体系。

公共数据提供主体数据质量担保责任制度建构沿着如下进路展开：以数据供给质量为评价标准，以主观过错为责任承担基础，明确公共数据提供主体数据质量担保责任承担的情形及其免责机制。公共数据提供主体未依法依约提供公共数据，引发数据安全风险的，应当依法承担相应的法律责任；公共数据提供主体依法依约提供公共数据，因技术因素或者不可抗力等原因，引发数据安全风险的，公共数据提供主体不承担相应的法律责任。

公共数据提供主体数据质量担保责任具有民事责任和行政责任双重属性。一方面，公共数据提供主体未依照授权利用合同提供公共数据，将不可避免地降低数据利用的质量和效率，损及数据利用主体合法权益，影响公共数据市场化配置的规范展开。此时，公共数据提供主体构成实质违约，应当承担相应的民事责任。另一方面，公共数据提供主体未依法依约提供公共数据，也违反了现行法律的基本规定。公共数据提供主体未经必要技术处理而将涉及个人隐私、商业秘密等领域的数据通过指定平台向市场主体提供，可能引发不可预测的法律风险，损害数据主体的合法权益，由此应当承担相应的行政责任。但这并不影响公共数据市场化配置交易合

同的民事法律属性。相关理由已在前文作详细论述,在此不作过多解释。

对于公共数据提供主体数据质量担保责任可作如下解读:一方面,明确公共数据提供主体承担数据质量责任的基本条件。公共数据提供主体在提供数据时存在过错,引发数据安全风险的,应当承担相应的法律责任。以诚实信用为基础展开交易,并对交易行为承担法律责任,是市场经济的基本运作逻辑。在公共数据市场化配置过程中,要求公共数据提供主体对其数据提供行为承担法律责任,正是贯彻市场经济交易规则的具体体现。另一方面,明确公共数据提供主体数据质量担保责任的免责事由。因技术原因或者不可抗力等因素致使数据存在质量瑕疵,或者引发数据安全风险的,公共数据提供主体不承担数据质量担保责任。受限于数据处理技术或者数据处理能力,以及其他不可抗力等因素,公共数据提供主体难以对海量的数据资源展开有效的技术处理。在现有技术条件下,公共数据提供主体依法依约善尽相关注意义务,并对数据作出必要技术处理后,无须承担因数据质量瑕疵引发的数据安全责任,以此为公共数据处理质量提升创造制度空间。

对公共数据提供主体数据质量担保责任作上述规定,主要基于如下考虑:

第一,提升公共数据提供主体参与公共数据市场化配置的积极性。权责清晰方能行动有序。现行公共数据市场化配置机制未能有效明确公共数据提供主体的数据质量担保责任及其免责事由,难以充分调动公共数据提供主体参与公共数据市场化配置的积极性和主动性。而以数据质量为评价标准,以主观过错为考量因素设定公共数据提供主体数据质量担保责任边界,可以为其提供明确的行动指引。鼓励公共数据提供主体持续改进数据质量,消解数据安全风险,积极参与公共数据市场化配置进程,释放公共数据经济社会价值。

第二,提高公共数据市场配置效率。厘定公共数据提供主体数据质量担保责任边界,可以显著提高可利用公共数据的数量和质量,推动公共数据市场化配置的有序展开。一方面,其有助于增加公共数据供给总量。明确公共数据提供主体的数据质量担保责任边界及其免责事由,有利于激励公共数据提供主体在法定和约定范围内尽可能增加数据供给数量,扩大可提供数据类型范围,满足数据开发利用的现实需要。另一方面,其有利于提升可利用数据的质量。原始的公共数据过于庞杂,其价值具有低密度性和非直接性,〔1〕在未经清洗加工等技术处理前并不具有过高的开发利用价值。而以数据质量为抓手,督促公共数据提供主体综合运用多种手段持续改进公共数据质量,可以有效降低数据开发利用成本,提高数据利用的质量和效率。

第三,顺应公共数据市场化配置的发展趋势。根据公共数据市场化配置的整体规划,公共数据市场化配置遵循“原始数据不出域,数据可用不可见”的基本原则。在确保原始公共数据不离开特定平台的前提下,允许数据利用主体根据约定的场景开发利用公共数据,数据利用主体对由此形成的数据产品享有合法权益。公共数据提供主体依法依约向指定平台提供数据,并对数据质量承担担保责任,能够有效厘清公共数据市场化配置过程中各主体的责任范围,推动公共数据提供主体、数据利用主体及数据平台各尽其责,协同

〔1〕参见吴伟光:《大数据技术下个人数据信息私权保护论批判》,载《政治与法律》2016年第7期。

推进公共数据授权开发利用。

第四,借鉴现行法治实践的制度成果。公共数据提供主体承担数据质量担保责任具有现实的法律基础。一方面,标的物质量瑕疵担保责任可以为之提供参考借鉴。为保护合同相对人正当权益、维护交易安全及促进交换正义实现,[1]民事法律制度明确要求标的物提供者承担瑕疵担保责任。[2] 鉴于公共数据与物等交易标的均具有可交易性,其对于合同当事人及市场经济发展具有重要意义,因此可以借鉴标的物质量瑕疵担保责任的立法成果,建构公共数据提供主体数据质量担保责任体系,以明确公共数据提供主体数据质量责任的基本内容。另一方面,现行数据立法实践能够提供制度基础。在现有数据开发利用实践中,部分省、市已经就公共数据开发利用的数据质量责任作出明确规定。上海市数据立法明确规定数据提供主体按照法律、法规和规章规定开放公共数据,并履行监督管理职责和合理注意义务的,对因开放数据质量等问题导致数据利用主体或者其他第三方遭受的损失,依法不承担或者免于承担相应责任。[3] 由此明确了公共数据提供主体数据质量担保责任免责事由建构的基本要求。公共数据提供主体数据质量保障机制建构,可以吸收现行数据立法的制度成果,建构完善的公共数据市场化配置公共数据提供主体数据质量担保责任体系。

---

〔1〕 参见严之:《物之瑕疵担保责任制度的发展及其在我国〈合同法〉中的定位》,载《暨南学报(哲学社会科学版)》2015 年第 3 期。

〔2〕 参见《中华人民共和国民法典》(2020 年 5 月 28 日第十三届全国人民代表大会第三次会议通过)第 617 条。

〔3〕 参见《上海市公共数据开放暂行办法》(2019 年上海市人民政府令第 21 号)第 46 条。

三、建构数据利用主体信用惩戒机制

从维护数据安全、督促数据利用主体规范数据利用活动角度出发，有必要从制度层面建构数据利用主体信用惩戒机制。督促数据利用主体依法依约参与公共数据开发利用，释放公共数据经济社会价值。

数据利用主体信用惩戒机制沿着如下进路展开：以数据处理行为为评价对象，以主观过错为惩戒基础，搭建数据利用主体信用惩戒机制的基本制度框架。数据利用主体未依法依约处理数据，引发数据安全风险的，由相关部门作出信用惩戒，剥夺或者限制其从事公共数据开发利用活动的主体资格。信用惩戒期限届满，如其符合特定条件，恢复其从事公共数据开发利用主体资格。

数据利用主体信用惩戒机制作为降低数据利用主体再次实施不当数据处理活动风险的制度安排，在实质上构成了对数据利用主体数据处理行为能力的“二次约束”。[1] 数据利用主体信用惩戒并非对数据利用主体施加的处罚，而是基于优化数据资源配置设定的法律风险规避措施。[2] 通过认定特定市场主体缺乏信用条件而剥夺其基于合同获取公共数据资源的权利，[3] 从而间接阻止危害数据安全风险行为的发生。

数据利用主体信用惩戒机制是有别于现行行政制裁措施的新的风险预防机制，具有独立的制度价值。首先，数据利用主体信用惩戒有别于行政处罚。行政处罚是行政机关依法对违反行政管理

---

[1] 参见孙日华：《信用联合惩戒的检视与制度优化》，载《河北法学》2020 年第 3 期。

[2] 参见陈国栋：《论违法行为的信用惩戒》，载《法学评论》2021 年第 1 期。

[3] 参见陈国栋：《缔约资格排除类信用惩戒的法治化路径》，载《现代法学》2021 年第 6 期。

秩序的公民、法人或者其他组织以减损权益或者增加义务的方式予以惩戒的行为。[1] 数据利用主体信用惩戒与行政处罚具有明显差异。从实施主体角度看,行政处罚的实施主体是行政机关,数据利用主体信用惩戒的实施主体是公共管理和服务机构,其在范围上包括但不限于"国家机关、事业单位,经依法授权具有管理公共事务职能的组织,以及供水、供电、供气、公共交通等提供公共服务的组织"。公共管理和服务机构中的供水、供电、供气、公共交通等主体具有市场主体属性而非行政机关。从实施依据角度看,行政处罚基于行政相对人违反行政法律规定作出,数据利用主体信用惩戒基于数据利用主体的违法或者违约数据处理行为而作出;[2] 从实施效果角度看,行政处罚可以限制行政相对人的人身自由或者财产利益,而数据利用主体信用惩戒仅会限制数据利用主体的数据利用资格及由此形成的财产利益,即其经济性权利。[3]

其次,数据利用主体信用惩戒有别于行政强制措施。行政强制措施是行政机关在行政管理过程中为制止违法行为、防止证据损毁、避免危害发生、控制危险扩大等依法对公民的人身自由实施暂时性限制,或者对公民、法人或者其他组织的财物实施暂时性控制的行为。[4] 从制度目标及实施对象范围角度看,数据利用主体信任惩戒与行政强制措施具有明显差异:行政强制措施的实施意在"制止违法行为、防止证据损毁、避免危害发生、控制危险扩大",而

---

〔1〕 参见《中华人民共和国行政处罚法》(根据2021年1月22日第十三届全国人民代表大会常务委员会第二十五次会议修订)第2条。

〔2〕 参见《浙江省公共数据开放与安全管理暂行办法》(2020年浙江省人民政府令第381号)第39条。

〔3〕 参见付小彦:《行政性信用惩戒制度建构》,载《行政与法》2020年第6期。

〔4〕 参见《中华人民共和国行政强制法》(2011年6月30日第十一届全国人民代表大会常务委员会第二十一次会议通过)第2条第2款。

数据利用主体信用惩戒的实施在于预防数据利用主体再次实施不当数据处理行为，以提高数据资源配置效率及社会诚信水平。[1] 行政强制措施的作用对象可以是行政相对人的人身自由和财产利益，而数据利用主体信用惩戒的作用对象只能是数据利用主体的财产权益。

最后，数据利用主体信用惩戒有别于行政强制执行。行政强制执行是行政机关或者行政机关申请人民法院对不履行行政决定的公民、法人或者其他组织依法强制履行义务的行为。[2] 行政强制执行的方式具有多样性，[3] 这些强制措施会对行政相对人的人身自由和财产利益产生较大影响。数据利用主体信用惩戒也具有强制性，但其对数据利用主体产生的影响远不如行政强制执行那么大。此外，数据利用主体信用惩戒强调的是向前看，注重对数据利用主体未来行为的预防，而行政强制执行则强调向后看，关注的是对行政相对人过往行为的惩处。

数据利用主体信用惩戒机制在制度层面包含如下维度内容：一是失信数据利用主体信用惩戒机制。对失信数据利用主体实施信用惩戒，是数据利用主体信用惩戒机制的首要功能，通过对失信数据利用主体缔约资格的限制，可以有效降低其获取公共数据及实施危害数据安全行为的能力，制止数据安全风险的持续蔓延。二是失

---

〔1〕 参见沈毅龙：《公共信用立法的合宪性考察与调整》，载《行政法学研究》2019 年第 1 期。

〔2〕 参见《中华人民共和国行政强制法》（2011 年 6 月 30 日第十一届全国人民代表大会常务委员会第二十一次会议通过）第 2 条第 3 款。

〔3〕 行政强制执行方式包括加处罚款或者滞纳金，划拨存款、汇款，拍卖或者依法处理查封、扣押的场所、设施或者财物，排除妨碍、恢复原状，代履行及其他强制执行方式。参见《中华人民共和国行政强制法》（2011 年 6 月 30 日第十一届全国人民代表大会常务委员会第二十一次会议通过）第 20 条。

信数据利用主体的信用修复机制。信用修复机制是社会信用体系的重要组成部分,完善的信用修复机制能够为市场主体提供宝贵的自我纠错和主动自新机会,保障社会信用体系顺畅运行,推动经济高质量发展。[1] 对于公共数据市场化配置而言,建立完善的数据利用主体信用修复机制尤为重要。数据利用主体具备系统的数据处理和开发利用能力,其积极参与公共数据开发利用对于丰富数据产品、培育数据要素市场及推动数字经济发展具有重要意义。公共数据市场化配置应当顺应全国统一数据大市场建设的基本要求,建构完善的数据利用主体信用修复机制,统一数据领域处罚信息信用修复标准,促使处罚信息信用修复成为信用服务市场的重要需求。[2] 三是守信数据利用主体的信用激励机制。信用激励是行政机关根据相对人的信用记录与评价,对守信主体给予的奖励措施,包括优先类、重要参考类、社会荣誉表彰类、优惠政策类、宏观倡导类等类型。[3] 恰当的信用激励机制既能够有效降低社会治理成本,释放信用经济活力,还可以缓解信用惩戒规制失信行为的局限性,为潜在失信行为防范提供内在动力。[4] 在公共数据市场化配置过程中,设置明确的信用激励机制,能够引导数据利用主体严格遵照法律及授权利用协议开发利用数据资源,提高公共数据授权利用质量,推动公共数据市场化配置规范展开。

---

[1] 参见卢盛羽:《行政处罚信息信用修复机制沿革、特征和完善的思路——基于修复数据的实证分析》,载《征信》2021 年第 8 期。

[2] 参见卢盛羽:《行政处罚信息信用修复机制沿革、特征和完善的思路——基于修复数据的实证分析》,载《征信》2021 年第 8 期。

[3] 参见吴太轩、谭娜娜:《制度嵌入与文化嵌入:信用激励机制构建的新思路》,载《征信》2021 年第 3 期。

[4] 参见吴太轩、谭娜娜:《制度嵌入与文化嵌入:信用激励机制构建的新思路》,载《征信》2021 年第 3 期。

数据利用主体信用惩戒机制建构，主要基于如下考量：

第一，健全数据安全保障体系。现行数据立法通过明确企业内部数据安全体系建设义务及设置法律责任等维度督促数据利用主体完善数据安全保障机制。[1] 但现有法律规定过于原则缺乏可操作性，而且依靠企业自律建设的数据安全保障机制容易受到企业治理能力局限性的影响，从而引发新的数据安全风险。也有立法实践从数据获取资格或者能力维度完善数据安全保障机制，如浙江省数据立法规定，数据利用主体未依法依约开发利用公共数据的，公共数据提供主体应当关闭其获取公共数据的权限，数据利用主体未按照要求进行整改的，公共数据提供主体应当终止提供公共数据，并依法将其失信信息记入信用档案。[2] 数据利用主体信用惩戒机制可以在借鉴现有规制经验的基础上，以数据获取资格限制为核心展开制度机构，有效阻却数据安全风险蔓延的渠道，以持续丰富数据安全保障机制，建设契合公共数据开发利用需求的数据安全保障规则体系。

第二，规范公共数据开发利用秩序。诚信经营和依法依约参与市场交易，既是市场经济发展的基本要求，也是市场主体的基本行为规范。在公共数据市场化配置过程中，依法完善数据利用主体信用惩戒机制有助于矫正数据利用主体不当的数据处理行为，在惩罚失信数据利用主体的同时，为其他市场主体提供明确的指引和激

---

〔1〕 参见《中华人民共和国数据安全法》(2021 年 6 月 10 日第十三届全国人民代表大会常务委员会第二十九次会议通过)第 27、29、30 条。

〔2〕 参见《浙江省公共数据开放与安全管理暂行办法》(2020 年浙江省人民政府令第 381 号)第 39 条。

励,从制度及文化层面建构起诚实守信的公共数据开发利用秩序,[1]推动公共数据市场化配置的规范展开。

第三,营造公平竞争的公共数据市场化配置交易环境。“原始数据不出域,数据可用不可见”是公共数据开发利用应当遵循的基本原则,数据利用主体只有在严守这一基本底线的基础上,才能平等地参与公共数据市场化配置。数据利用主体擅自截留平台中的数据或者将之带出平台,将导致部分数据利用主体形成比其他市场主体更强的数据开发利用能力和更低的数据利用成本优势。这可能会严重危害数据安全,损及公共数据市场化配置赖以为继的制度基础。而以信用惩戒为基础规范数据利用行为,则既能够有效预防和化解数据安全风险,又可以为正当的数据利用行为提供持续激励,确保市场主体可以依法依约通过指定平台利用数据,营造公开、公平、公正的公共数据市场化配置交易环境,推动公共数据市场化配置健康发展。

---

〔1〕 参见吴太轩、谭娜娜:《制度嵌入与文化嵌入:信用激励机制构建的新思路》,载《征信》2021 年第 3 期。

后　记

本书是笔者主持的教育部人文社会科学研究青年基金项目的最终成果，也是我对公共数据市场化配置法治体系建构研究形成的阶段性成果。本书的写作缘于对数据要素市场化配置这一时代命题的全面省思。2020 年 3 月 30 日的《中共中央、国务院关于构建更加完善的要素市场化配置体制机制的意见》明确提出要“加快培育数据要素市场”“研究建立促进……公共数据开放和数据资源有效流动的制度规范”。在反复研习此项政策文件时，我一直在思考这样一个问题：可否采用市场机制推动公共数据的有效流动，公共数据市场化配置需要何种类型的法律制度供给？基于对这一问题的持续反思，我撰写完成了教育部人文社会科学研究项目申请书，并有幸中标青年基金项目。

在着手展开具体研究时，我时常被采用何种公共数据确权授权模式，如何建构公共数据市场化配置交易实现机制，公共数据市场化配置如何保障相关主体的正当权益等议题纠缠的心力交瘁。其间,国家及地方层面就公共数据开发利用作出有诸多新的部署,其中尤以《中共中央、国务院关于构建数据基础制度更好发挥数据要素作用的意见》(以下简称“数据二十条”)影响最大。其从数据产权制度,数据要素流通和交易制度,数据要素收益分配制度,数据要素治理制度等维度明确了数据基础制度建构的基本原则和基本范畴。在深刻领会“数据二十条”精神的基础上,本书尝试从权属配置机制、交易实现机制及数据权益保障机制等维度,建构公共数据市场化配置法治保障机制。并结合公共数据市场化配置的现实需求,对“数据二十条”的基本精神和具体要求作出必要的阐释和深化,使之在公共数据开发利用领域得到更为直观的展开和应用。

本文的顺利完成并及时出版,离不开各位师长、领导和家人的关心与支持。他们为我营造了良好的研究条件和环境,使我可以心无旁骛地投入到学术研究之中。

感谢郑州大学法学院杨红军教授的关心、支持与提携。自2010年投入杨老师门下攻读硕士研究生以来,我的每一步成长都离不开杨老师的关心、支持与帮助。在杨老师的引导下,我得以进入数据法律治理领域,形成一系列研究成果。也在杨老师的悉心指导下,我成功中标教育部青年基金项目。更为重要的是,杨老师积极为我争取参与数据立法的机会,使我有幸站在数据法律治理的前线,深入全面地获取来自实践一线的鲜活的材料,并在实践中不断检验和矫正自己的观点和认知。有师如此,夫复何求。

感谢中南财经政法大学知识产权研究中心的胡开忠教授。自2013年投入胡老师门下攻读博士研究生始,一直得到胡老师的关心、鼓励和支持。求学期间的耳提面命,工作之后的督促提醒,汇聚成为我不断前进的强大动力。每每学术研究面临困惑,胡老师几句简短的提示,便能使我茅塞顿开。老师既授我以鱼,又授我以渔。我所恪守的研究素养和治学态度,多是博士求学期间在胡老师身边耳濡目染习来的。能够有幸成为胡老师的学生,并得到老师无尽的关心和支持,深感幸运和幸福。

感谢河南财经政法大学民商经济法学院各位领导、师长为我营造的良好的工作条件。学院全力支持我参与数据立法工作,为我提供尽可能多的便利。各位领导和师长的包容、关心和支持,使倍感温暖,也增强了我持续参与数据法律治理实践的信心和勇气。

感谢家人的默默支持和无私付出。爱人默默承担起料理家庭事务的重担,使我能够全身心投入在教学科研之中。没有她的无私支持,我无法在两年内完成项目的结项工作,并将本书出版。感谢父母、岳父岳母的支持与帮助,他们任劳任怨地照看孩子、买菜做饭和操持家务,为我排除了后顾之忧。感谢两个孩子给我带来的陪伴和欢乐。四年前我刚参与数据立法,为了能够迅速进入新领域,几乎每天早出晚归,埋头于各类文献之中,没有时间陪伴孩子。当时他打电话常常问的一个问题是"爸爸,你工作完了吗,可以回来陪我一起玩吗?"每每想起这些场景,心便不由自主地隐隐作痛。在本书初稿即将完成之时,我迎来了自己的第二个孩子。每天陪着哥哥一起逗弟弟,是我最开心的时刻,希望能够以此弥补曾经对哥哥陪伴的缺失。现在十个月过去了,我的孩子已经可以朦朦胧胧地喊"爸爸"了,而这本书也要出版了。哥哥和弟弟一起见证了这本书的生成,而这本书也见证了我们父子三人的成长。

路漫漫其修远兮,吾将上下而求索!作为回应数据要素市场化配置的初步尝试,本书建构的公共数据市场化配置法治保障机制的合理性尚待实践的持续检验,并需要在实践中不断深化和完善。我志愿把这项研究继续做下去,为数据要素市场化配置改革贡献自己绵薄之力。本书的出版,意在抛砖引玉,引发更多学者关心关注公共数据市场化配置法治体系建构议题,共同推动数字中国建设持续走向深入!

赵加兵

2023 年 8 月 21 日

于郑州毓苑